자퇴상담
학교를 떠나는 아이들

*〈지혜로운 교사〉 수익금의 일부는 교육 소외 계층을 지원하는 데 쓰입니다.
*〈지혜로운 교사〉 시리즈는 모두 재생지로 만듭니다.
 이 책의 표지 용지는 국산 재생지 앙코르 190g을 사용했고,
 본문 종이는 그린라이트 80g을 썼습니다.
*불필요한 면지는 사용하지 않았습니다.

지혜로운 교사

자퇴상담
학교를
 떠나는
  아이들

ⓒ 신규진, 2009
2009년 11월 23일 처음 펴냄
2017년 12월 8일 1판 3쇄 펴냄

지 은 이　　신규진
펴 낸 이　　신명철
펴 낸 곳　　(주)우리교육
등　　록　　제313-2001-52호
주　　소　　03993 서울시 마포구 월드컵북로 6길 46
전　　화　　02-3142-6770
전　　송　　02-3142-6772
홈페이지　　www.uriedu.co.kr

이 책의 내용을 쓰고자 할 때는 저작권자와 출판사의 허락을 받아야 합니다.
잘못된 책은 바꾸어 드립니다.

ISBN 978-89-8040-659-3　13370

이 도서의 국립중앙도서관 출판시도서목록(CIP)은
e-CIP 홈페이지(http://www.nl.go.kr/cip.php)에서 이용하실 수 있습니다.
(CIP제어번호:CIP2009003611)

지혜로운 교사

자퇴상담
학교를 떠나는 아이들

신규진 지음

우리교육

배움과 나눔, 모두를 위한 교육 지혜로운교사

시리즈를 펴내며

여전히 많은 문제들을 안고 있지만, 우리 교육계는 제도와 내용이라는 두 측면에서 한 걸음씩 나아가고 있습니다. 현장 교사들의 꾸준한 연구와 실천을 통해 수많은 교육 자료들이 쌓이고 있습니다.

그럼에도 우리 교육출판계를 보면, 그 흔적을 찾기 힘듭니다. 직접 아이들과 함께 한 교육활동의 결과들을, 말 그대로 살아 있는 교사의 언어로 담아낸 책들이 빈약합니다. 교사들의 실천을 정리해 내는 동시에 다른 교사들의 성장을 도모할 수 있는 그 무엇이 필요하다고 봅니다.

교사는 끊임없이 배우고 성장하며 나누는 존재입니다. 아무리 세상이 경쟁으로 치닫고 자본에 눈먼다 해도 교육에서만은 포기할 수 없는 중심 가치가 있습니다. 바로 '배움'과 '나눔'입니다. 스스로 서고 더불어 잘 살기 위한 배움과 나눔이 아니라면 교육의 진정성은 사라질지도 모릅니다.

우리교육은 '모두를 위한 교육'을 지향하며, 이제껏 개인 차원에서만 다루어진 교사들의 교육 실천 경험들을 〈지혜로운 교사〉 시리즈로 모아 내고자 합니다. 그 결과물을 다른 교사들과 나누는 과정에서 함께 성장해 가는 책으로 만들고자 합니다. 이 각박한 세상에서 묵묵히 아이들과 함께 교사들이 일구고 있는 미래를 이 속에 고스란히 담고 싶습니다.

2009년 11월 우리교육

차 례　　자퇴 상담 학교를 떠나는 아이들

책을 펴내며 더 머물고 싶은 학교에 대한 꿈　　8

01　**성적 문제로 진로를 고민하는 아이**　　10
  Counseling 1-1 한국 청소년의 학업 중단 현황　　22
  Counseling 1-2 자퇴의 세 가지 유형　　24
  Counseling 1-3 자퇴 동기 및 자퇴 후 성공 가능성 분석　　26

02　**무관심 속에 서성이다 자퇴하게 된 아이**　　30
  Counseling 2 우리는 이럴 때 자퇴하고 싶어요　　40

03　**야단맞을 게 두려워 자퇴를 생각한 아이**　　44
  Counseling 3 상담의 가치　　61

04　**부모의 학교 혐오감이 그대로 투사된 아이**　　64
  Counseling 4 학교상담의 기본 원칙　　75

05　**또 다른 길, 홈스쿨링을 선택한 아이**　　78
  Counseling 5 상담에도 '긍정의 힘'이 필요하다　　84

06 학교의 강제 규정에 상처 입은 아이　　　　86
　　Counseling 6 교육 서비스와 교육 책임　　　93

07 독불장군 아버지에 대한 불만으로 가출한 아이　96
　　Counseling 7 자아 분화　　　107

08 집단 따돌림으로 괴로워하는 아이　　　110
　　Counseling 8 교우관계 조사와 분석　　　124

09 심리 장애로 인해 학교에 적응하지 못하는 아이　136
　　Counseling 9 유아기 · 소아기 · 청소년기에 처음으로
　　　　　　　　진단되는 10가지 유형의 정신 장애　　　149

10 권위주의적인 교사에 저항하는 아이　　　154
　　Counseling 10 비교육적인 체벌　　　172

책을 펴내며

더 머물고 싶은 학교에 대한 꿈

"선생님, 안녕히 계세요. 그동안 감사했습니다."
"그래······."
낮고 흐린 하늘처럼 마음이 무겁다. 잘 가라는 말도 잘 살라는 말도 선뜻 하기 어렵다. 아이가 황량한 운동장을 가로질러 교문 밖으로 작은 점이 되어 사라질 때까지 물끄러미 바라본다. 교무실 책상 위에는 아이가 태어나서 처음 서명했을 법한 하얀 서류가 놓여 있다. 굵고 딱딱한 활자가 선명하다. 〈 자퇴원 〉

개학한 지 3개월 남짓인데 벌써 21명째. 학생상담색인표는 이들의 자퇴 사유를 간략하게 확인시킨다. 가사, 질병, 학교부적응, 검정고시, 품행······.
여기보다 더 심각한 학교도 많다. '2009년 학교알리미 공시 자료'에는 서울 H고 139명, 부산 B고 93명, 대구 K여고 89명, 광주 K고 106명, 인천 U고 194명 등으로 나와 있다.
전국적으로는 얼마나 될까? 통계 자료에 따르면 최근 3년 동안 학업을 중단한 중고생이 무려 17만 명에 육박한다. 도대체 학교에서 무슨 일들이 일어나고 있는 것일까?

"문제가 많은 학생입니다. 공부하기 싫어하고, 학교 규율 지키기 싫어하고, 부모도 무관심하고…."
"학교가 그냥 싫어요. 선생님은 만날 못한다고 잔소리하고, 혼내고……."
"더 이상은 갇혀 살게 할 수 없어요. 유학을 보내든지 해야죠."

이유가 어떻든지 자퇴는 인생 항로의 지각변동이며, 가정 평화의 균열을 초래하는 중대 사건이다. 아울러 자퇴는 사회적으로 보면 노동력의 손실을 초래하고, 사회 불안을 증폭시킬 뿐 아니라 이에 따른 복지비용의 증액을 요구하는 요인으로 작용하기도 한다.
이러한 자퇴가 줄을 잇는 원인이 학교부적응 같은 개인 문제에만 국한되어 있는 것은 아니다. 오히려 40년 전이나 지금이나 별로 달라지지 않은 학교 시스템의 중대한 결함이 그 주된 요인이다.
바라는 바는 이 책이 학생들의 다양한 욕구와 갈등을 포용하지 못하는 학교의 제반 문제 상황에 대해 함께 고민하고 그 해결책을 찾는 계기가 되었으면 하는 것이다. 개인적으로는 학교 내 인간관계를 회복하고 더 머물고 싶은 학교를 열어 가는 실마리가 되었으면 한다. 또 하나, 학생들이 불가피하게 떠나야 한다면 절망감 대신 격려와 희망의 선물을 한 아름 안고 갈 수 있었으면 좋겠다.

자퇴상담
학교를 떠나는
아이들

01 성적 문제로
　　진로를 고민하는
　　아이

Counseling 1-1 **한국 청소년의 학업 중단 현황**

Counseling 1-2 **자퇴의 세 가지 유형**

Counseling 1-3 **자퇴 동기 및 자퇴 후 성공 가능성 분석**

'개학 초부터 줄곧 자퇴[1] 생각만 했다. 1학년 때까지는 그저 즐겁게만 지냈고, 시험 때는 벼락치기를 했다. 2학년이 되면서 대학 입시에 대한 걱정이 늘고 이대로는 안 되겠다는 생각이 들었다. 담임선생님께 말씀드렸더니, 학교를 그만두면 공부를 열심히 할 거라는 보장이 어디 있느냐며 안 된다고 한다. 그래도 내가 고집을 꺾지 않으니까 열심히 공부해서 시험 성적을 올리면 자퇴를 허락해 주겠다고 한다. 1학년 때 수학 성적이 6등급이고, 나머지는 7등급이다. 기초가 없어 수업을 따라가기 어렵고, 나보다 잘하는 아이들이 너무 많아 이대로는 도저히 뒤집기가 어렵다. 그런데 성적을 올리면 자퇴를 허락하겠다는 것은 억지라는 생

---

[1] 자퇴는 '자발적 퇴학'의 준말이다. 자퇴는 가정 사정, 질병, 사망, 검정고시, 진로 변경, 유학, 이민, 전출 등의 사유로 기재된다. '전출'은 '전학으로 인한 자퇴'이므로 형식적으로는 자퇴지만, 타학교로 전학하여 학업을 지속하는 것이므로 내용상으로는 학교를 그만두는 게 아니다. 때문에 교육통계에서는 전학통계를 별도로 산출한다. 대안학교로 전학하는 경우는 교육부의 인가를 받은 학교와 그렇지 않은 학교로 나누어지므로 전학, 퇴학을 혼용하여 쓰고 있다.

각이 든다. 아, 짜증 난다.'

인혁이는 며칠째 담임과 씨름 중이었다. 투지에 불타 어금니를 악물고 버티고 있지만 담임은 꿈쩍도 않는다. 이야기를 할 때 좀 진지한 표정이라도 지어 준다면 자존심이나마 덜 상하겠다. 담임은 대수롭지 않은 표정으로 빙그레 웃기까지 한다.
"너 같은 아이들이 어디 한둘인 줄 아니? COUNSELING 1-1 제 나름대로 해 보겠다고 설쳐 대지만, 다 학교 다니기 싫은 핑계에 지나지 않는다니까. 어디 그렇게 열망이 대단하니 성적을 올려 봐라. 학교 시험 성적도 못 올리면서 수능 점수는 어떻게 올리니?"
인혁이는 숨이 막힐 정도로 답답하여 인사도 없이 교무실을 나왔다. 담임선생님이 자신을 비웃고 있다고 생각하니 더욱 화가 치밀었다.

인혁이가 자퇴하고 싶은 심정을 엄마에게 말한 것은 3주 전이다.
"얘가 뭘 잘못 먹었나? 학교를 그만두다니 말이 되냐?"
평소 인혁이 편이 되어 주던 엄마도 학교를 그만두겠다는 말에 더 이상 대꾸조차 안 했다. 엄마는 '녀석이 저러다 말겠지' 했다.
인혁이도 자기 생각이 쉽게 수용될 리 없다는 것은 잘 알고 있었다. 허나, 심화수업을 듣는 아이들, 경시대회에 참가하는 아이들, 입학사정관제를 준비하는 아이들…….
'도대체 나는 무엇을 하고 있는 것일까?'

인혁이는 파도처럼 밀려오는 열등감에 어찌할 바를 몰랐다.
친구 형필이가 걱정하며 말했다.
"담임샘하고 의논하는 게 어때?"
"담임샘에게?"
"그래, 담임 말이야, S대 나온 것은 잘 알지?"
"응, 알지."
"중학교, 고등학교 성적도 전부 '올 수'라더라! 뭐 좋은 방법을 알려 주지 않을까?"
"글쎄⋯⋯."

인혁이는 왠지 찜찜한 기분이 들었다. 허나 딱히 뾰족한 수가 없었다. 방과 후 담임선생님을 찾아가 조심스럽게 자기 생각을 털어놓았다. 역시, 담임선생님은 모범 답안을 읽듯이 말했다.
"마음만 먹고 달려든다면 얼마든지 잘할 수 있는 것이 공부다. 지금도 늦지 않았다. 그런 고민할 시간에 읽고 쓰고 외우고 공부해라. 쓸데없는 생각만 하니 성적이 오르지 않는 거다. 책이 없니, 시간이 없니? 남들도 다 똑같다. 네가 저능아라면 이런 말도 안 한다. 넌 할 수 있는데, 다만 절박하지 않아서 그런다. 학교 그만두고 성공할 정도로 노력할 수 있는 너라면, 그냥 학교에서 하는 게 훨씬 낫다."

듣고 보니 그런 것도 같고 아닌 것도 같았다. 설령 담임의 의견에 틀린

데가 있더라도 조목조목 따지고 들 자신도 없었다. 담임의 훈계를 곰곰이 씹어 보면 오히려 가슴이 콕콕 아팠다. '학교 그만두고 성공할 정도라면 그냥 학교에서 하는 것이 낫다'는 말이 '학교에서 못하니 나가서는 더 못할 거다'라는 뜻으로 들렸다. '지금도 늦지 않았다'는 말을 믿어도 좋을까? 학교를 다니면 다닐수록 점점 뒤처지는 것을 어떻게 설명해야 할까? 혹시 난 저능아가 아닐까? 별의별 생각에 인혁이는 잠을 제대로 잘 수가 없었다.

풀이 죽은 채로 지내다가 두세 차례 더 면담했지만, 담임은 여전히 시큰둥할 뿐이었다. 지난 토요일에는 더욱 기분이 좋지 않은 일이 있었다. 엄마가 담임선생님과 통화한 모양인데, 아이들이 학교 다니기 싫을 때 흔히 그런 생각을 한다는 말을 들은 것이다.
속이 상할 때로 상한 인혁이는 월요일에 볼멘소리로 자퇴 의지를 표명했다. 담임은 화도 내지 않고 빙그레 웃으며 "안 돼"라고 할 뿐이다. 인혁이는 담임선생님이 자신의 생각을 가볍게 여기는 것 같아서 참기가 어려웠다. 말도 못하고 씩씩대다가 뒤도 돌아보지 않고 교무실을 나왔다.

사실, 담임의 속내는 편치 않았다. 이제 담임 2년차인데, 작년에도 2명이나 순순히 자퇴를 허락했다가 주변의 눈치를 봐야 했다. 학급운영을 잘 못해서 자퇴생이 속출하는 것은 아닌가 하는 자책감이 들기도 했다. 실제 아이들이 자퇴한 후에 어떻게 되었는지도 잘 모른다. 방황하며 떠

돌고 있을 거라는 생각이 들 때는 체한 것처럼 속이 불편했다.
이윽고 담임은 그간의 과정을 설명하면서 인혁이 상담을 신청했다.
"공부 열심히 할 생각이 있으면, 학교에서 그냥 해도 되잖아요. 왜 저렇게 고집을 피우는지 모르겠어요."
"글쎄요. 인혁이 마음속의 주인이 그렇게 하라고 시키는 모양이네요."
"어쩌면 좋을까요?"
"학교에 붙잡아 두면 인혁이 성적이 오를까요?"
"에휴, 마음이 저렇게 불안정한데 더 떨어지지나 않으면 다행이죠."
"거 참, 문제로군요."
담임은 양미간을 살짝 찌푸리며 말했다.
"자퇴를 순순히 허락하자니 염려스럽고, 계속 만류하자니 원망이나 듣게 되지 않을까 걱정이 되기도 하고……. 솔직히 그래요."
"지금까지 잘해 오셨어요."
"제가요? 아이 마음 하나 제대로 잡아 주지 못하고 있는데요?"
"손쉽게 얻은 것은 손쉽게 잃어버리지요. 반대를 무릅쓰고 쟁취한 것은 그만큼 소중하지 않겠어요? 인혁이도 고민이 많을 거예요. 학업의 갈림길에 서서 중대한 선택을 하려는 중이니까요." COUNSELING 1-2
"네. 그럼 잘 부탁드립니다."
담임은 다소 밝아진 표정으로 눈웃음을 지었다.

다음 날, 인혁이는 잔뜩 긴장한 채 상담실 문을 노크했다. 움츠린 목과

꽉 다문 입에서 경계심과 결연한 의지가 느껴진다. 다소 긴장을 풀어 줄 필요가 있겠다.

"며칠 전에 인터넷에서 출처 미상의 좋은 글을 보았단다."

인혁이가 잘 볼 수 있도록 백지에 글로 써서 보여 주며 이야기를 계속 했다.

"인생은 B에서 시작에서 D로 끝나기 때문에 우리는 C에 살고 있대. B는 Birth, D는 Death. 그러니까, 태어나고 죽는 것이지. 그런데 C가 뭔지 아니?"

"……?"

"C는 여러 가지 의미를 담고 있더구나. Challenge가 무슨 뜻인 줄은 알지?"

"……네. 도전이요."

"그렇지! 도전한다는 뜻이지."

생각할 시간을 주기 위해 몇 초 동안 뜸을 들인 후 말을 이었다.

"두 번째는 Change야."

"바꾸다?"

"그래, '변화'를 뜻하는 거지. 우리는 한시도 제자리에 있지 않아. 더 발전하든가 퇴보하든가, 아무튼 늘 달라지고 있지. 과거의 내가 현재의 내가 아니고, 또 미래의 내가 아니거든."

인혁이가 말의 의미를 생각해 보는 듯해서 잠시 기다렸다. 인혁이가 다음 말을 기다린다는 느낌이 들었을 때 입을 열었다.

"세 번째는 Chance!"

"찬스?"

"그래, '기회'야. 왜 이런 말이 있지. 기회는 자주 오지만, 준비된 자만이 그 찬스를 잡을 수 있다는……."

인혁이는 고개를 살짝 끄떡인다.

"좋아, 마지막은 Choice! 선택이야."

인혁이는 언뜻 감이 오지 않는다는 듯한 표정을 지었다. 말뜻을 몰라서가 아니라, 요즘 자신의 고민 주제였기 때문이다.

"인혁아, 아우슈비츠 수용소 알지? 유대인들을 강제 수용했다가 가스실로 보내 죽게 했던……."

"영화에서 본 적 있어요."

"그래, 그곳에서 살아남은 유명한 박사가 있는데 이런 말을 했대. 아무리 힘든 감옥일지라도, 내게서 앉거나 설 수 있는 선택의 자유마저 빼앗을 수는 없었다고."

"……."

"선택은 남이 아닌 자신의 고유 권한이며 자유란 것이지. 물론 선택에 따른 책임과 의무도 함께 져야 하는 것이고."

인혁이는 눈을 깜빡거리며 고개를 끄덕였다.

"선택을 제대로 하려면 그만큼 신중해야 해. 잘못된 선택을 반복하면 자기 권리를 남에게 주고 의존적으로 살 수밖에 없어. 선택은 주인으로 사느냐, 노예로 사느냐를 결정하는 아주 중요한 일이야." COUNSELING 1-3

긴장이 풀린 인혁이가 자기 이야기를 시작했다. 담임에게 들은 내용과 별반 다르지 않았지만, 담임이 자기를 무시하고 있는 것 같다는 인혁이의 느낌은 수정해 주었다. 담임선생님도 너처럼 선택하기 어려워서 고민하고 계시고, 그래서 애써 웃음 짓는 거라고.
인혁이는 엄마와도 여러 번 다투었다고 털어놓았다. 처음에는 아예 들은 척도 안 하더니, 인혁이가 계속 고집을 피우자 엄마도 목하 고민 중이란다.
"그래, 지금 전화해서 어머니와 이야기를 좀 나누어도 되겠니?"
인혁이가 있는 자리에서 집으로 전화했다.
"어머니 의견을 듣고 싶어요."
"네, 선생님. 저도 처음에는 들은 척도 안 했어요. 죽어도 학교는 가야 하는 것이라고 생각했거든요. 그런데 인혁이가 계속 완강하게 나와서 반걸음 양보한 상태예요. 저러다 아예 엇나가면 어쩌나 걱정도 되고 해서요."
"네, 그렇군요. 인혁이 계획에 대해서 들어 보셨나요?"
"네, 인혁이가 어쩌고저쩌고 이야기를 했는데, 귀담아듣지는 않았어요. 속이 상해서 서로 신경질만 내고 그랬어요."
"이해가 됩니다. 그런데 제가 들어 보니까 계획은 구체적으로 세운 것 같아요. 인혁이가 현재 과외를 받고 있지요?"
"네, 학원 선생님을 하던 분인데, 일주일에 세 번, 영어와 수학을 봐 주고 계세요."
"인혁이가 그분에게 자기 계획을 이야기했는데 괜찮을 거 같다고 동의한 듯해요."

"그래요? 잘 모르고 있었어요. 나이도 많으신 분이고 해서……."
"인혁이가 8월까지만 과외를 받고, 9월부터는 입시학원을 갈 계획이라고 합니다. 지난주에는 청량리에 있는 검정고시학원에서 청강도 했답니다."
"검정고시학원을 가 봤대요?"
"네. 그런데 기대만큼 수업 분위기가 좋지 않아서 검정고시학원은 계획에서 배제하기로 했답니다."
"네에……."
"9월에 입시학원을 가기 전에는 8시부터 4시 30분까지 시립도서관에서 공부하겠다고 하네요. 다른 아이들도 학교에서 그 시간에 수업을 들으니까 인혁이는 그 시간에 독학을 하겠다는 거지요."
"걔가 그렇게 준비하고 있었는데도 저는 잘 몰랐네요. 부끄럽습니다."
"인혁이 뜻은 그러나 부모님을 비롯한 가족의 동의와 협력 없이는 계획이 아무리 좋아도 실천하기 어려울 겁니다. 아버님, 어머님 모두 인혁이와 진지하게 대화를 나누어 보세요."
"네, 잘 알겠습니다. 고맙습니다."

인혁이는 사흘 후 자퇴하였다. 모자가 나를 만나러 상담실을 찾았다고 하는데, 하필 출장을 간 날이어서 작별 인사를 못했다.

한 달 반이 지난 뒤에 인혁이 어머니에게 전화를 넣었다. 어머니는 매우 생기 있는 목소리로 반색했다.
"선생님, 인혁이가 정말 열심히 공부하고 있어요. 얘가 저렇게 적극적이고 성실한 아이인지 몰랐어요."
"어머니 목소리가 밝은 걸 보니, 참말 열심히 하는 모양이네요."
"네, 8월에 검정고시 시험이 있는데, 자퇴 후 6개월이 경과하지 않아서 검정고시는 내년 4월에 보게 될 거예요."
"네, 인혁이에게 격려의 메시지를 전해 주십시오. 40일이 넘도록 흔들리지 않고 공부하고 있으니 장합니다."
"네, 선생님 고맙습니다."
"그런데요, 좌절이나 방황은 감기처럼 종종 찾아옵니다. 그럴 때 어머니가 꼭 힘이 되어 주세요. 늘 믿고 격려해 주세요."
"명심하겠습니다."

한국 청소년의 학업 중단 현황

현재 우리나라 중학생 수는 약 200만 명, 일반계고 학생은 148만 명, 전문계고 학생은 48만 명이다(교육기본통계 2009. 09). 이 학생들 중 상당수는 3년 동안의 교육과정을 이수하지 못하고 중도에 포기하거나, 대안을 찾아 학교를 떠난다.

최근 3년 동안(2006~2008) 고등학교 학업 중단자는 8만 4천 명, 중학교 유예자(중학교는 의무교육이므로 '퇴학'이 아닌 '유예자'로 분류된다.)는 약 5만 3천 명이며, 유학생은 중고생 합쳐서 3만 3천 명이다.

여기에 자살, 사고, 질병 등으로 사망한 학생 1천 627명과 유급생을 포함하면 총 17만 명이 넘는다. 이 중에서 4분의 1가량은 재입학, 복학, 편입학 등을 통해 학교로 복귀하고 졸업하지만, 나머지는 그렇지 못하다. 2008년 졸업률((졸업자 수/3년전 입학자 수)×100)을 보면 중학교 98.1%, 일반계고 96.6%, 전문계고 91.6%로 이를 인원으로 환산하면 12만 4천 명이 중등학교를 졸업하지 못한 셈이다.

표1. 2006~2008 중등학교 학업 중단자 현황

| 연도 | 중학교 | | | 고등학교(일반계 고+전문계 고) | | | | | | | | 총합계 |
| | 유예자 | 사망 | 유학이민 | 학업 중단자(83,949명) | | | | | 사망 | 유학이민 | 유급 | |
				질병	가사	품행	학교부적응	기타				
2006	14,920	239	3,919	1,522	6,775	652	9,039	5,088	307	6,640	34	49,135
2007	18,415	229	3,856	1,968	8,057	862	10,969	6,074	313	7,597	75	58,415
2008	19,512	205	3,470	2,174	10,200	1,034	14,015	5,520	334	7,200	107	63,771
합계	52,847	673	11,245	5,664	25,032	2,548	34,023	16,682	954	21,437	216	171,321

한국교육개발원 (2009. 07)

표2. 학교별 졸업률

구분	초등학교	중학교	일반계 고	전문계 고
2006년	100	98.3	97.7	90.9
2007년	99.4	98.3	97.3	91.7
2008년	99.2	98.1	96.6	91.6

한국교육개발원 (2009. 07)

학업 중단 사유는 질병, 가사, 품행, 학교부적응, 기타 등이다. 그러나 질병이나 가사로 통계에 잡힌 경우에도 상당수는 학교부적응 문제를 함께 안고 있다.

자퇴가 아닌 전학은 전입과 전출로만 구분되어 있을 뿐 구체적인 사유는 교육통계에 분류되어 있지 않다. 전출을 기준으로 보면 3년 동안 중학생 21만 3천 명, 고등학생 7만 7천 명이 학교를 옮겼다. 하지만 전학의 사유가 간략하게 '거주지 이전'으로만 기재되기 때문에 사실상의 전학 사유를 파악하기 어렵다. 경험으로 미루어 보면 절반 정도의 학생은 전학을 위해 거주지를 이전한다.

표3. 연도별 중고생 전출 학생수

연도	중학교		고등학교		합계
	도내 전출	도외 전출	도내 전출	도외 전출	
2006	35,172	32,108	11,790	12,571	91,641
2007	39,240	33,948	12,325	12,719	98,232
2008	39,096	33,060	14,051	13,719	99,926
합계	113,508	99,116	38,166	39,009	289,799

한국교육개발원 (2009. 07)

자퇴의 세 가지 유형

목표지향형 자퇴

자퇴 후의 학업 계획이 구체적이며 능동성 수준이 높은 경우이다. 유학 · 진로계열 변경 · 홈스쿨링 · 대안교육 등의 뚜렷한 계획이 있거나, 대입 전략을 구체적으로 세운 검정고시 희망자 등이 이에 해당한다. 목표지향형 자퇴생들은 대체로 가정적 지원이 양호하며, 자퇴 결정은 부모-자녀의 충분한 합의를 통해 이루어진다.

충동형 자퇴

교사와의 갈등이나 가정불화 등으로 갑작스레 자퇴 의사를 보이는 경우이다. 여기서 말하는 '충동'은 '돌발적 사건으로 인한' '미리 계획하지 않은'의 뜻이다. 충동형의 학생들은 자아강도가 높고, 저항심과 비판의식이 강한 경향이 있다. 흔히 자신보다 먼저 자퇴한 친구나 선배와 친분을 맺고 있으며, 자 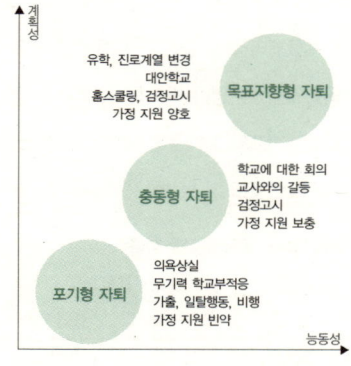 퇴에 대해 막연한 동경심을 품고 있다. 이들의 부모는 대부분 아이가 자퇴 의사를 밝혔을 때 매우 놀라며 강력하게 반대한다. 그러나 이 경우 아이의 의지는 눌려 있던 용수철이 튕겨 나온 것과 같아서 자퇴 의사를 철회하도록 설득하기가 쉽지 않다.

포기형 자퇴

심신이 무기력하여 학교생활을 지속하기 어려운 경우에 해당한다. 가정의 정신적, 물질적 자원이 빈약하여 부모가 자녀에게 무관심하거나 자녀를 돌볼 여력조차 없는 경우도 많다. 아이는 만성 의욕상실 상태에 놓여 있으며, 절도 등의 비행을 저지르는 경우도 있다. 또한 자살 위협을 하거나 우울증 등의 이상심리를 보이기도 한다. 이 유형의 아이들이 스스로 자퇴를 원하는 경우는 드물다. 학교마저 그만두면 더 심각하게 고립된 상태로 전락할 가능성이 있기 때문에 오히려 학교에 남기를 원한다. 그러나 학생의 희망과는 달리 학교부적응, 왕따, 게임중독 등으로 장기 무단결석을 하다가 종국에는 학교로부터 자퇴 권고를 받는 경우가 많다. 가정파탄으로 부모가 아이를 자퇴시키는 경우도 있다.

세 유형 가운데 자퇴 의사 철회 가능성이 가장 높은 것은 충동형 자퇴인데, 가정 내 갈등이 해소(예 : 부부싸움 중지)되거나, 부모와의 협상을 통해 얻어지는 이익(예 : 공부 압박 감소, 체벌 중지 등)이 있는 경우에 생각을 바꾼다. 그러나 교사와의 갈등이나 학교 규칙에 대한 불만(예 : 두발 규제) 등의 원인으로 자퇴를 원하는 경우는 자퇴 의사를 철회한 경우라도 재발 가능성이 높다.

Counseling 1-3 자퇴 동기 및 자퇴 후 성공 가능성 분석

자퇴 상담에서는 '자퇴 동기 요인'과 '자퇴 후 성공 가능성'에 대한 분석이 필요하다. 학업성취도나 표준화 심리검사, 교우관계조사 등의 자료가 있으면 요인 분석표를 작성한 후 상담하는 것이 좋다. 이러한 분석 자료를 바탕으로 하는 상담은 내담자에게 신뢰감을 준다.

자퇴 동기 요인 분석

자퇴 동기 요인(오른쪽 표 ①)으로는 학업성취도, 학교생활 적응도, 흥미·적성 일치 여부, 교우관계, 교사와의 관계, 가정 문제 등 여러 가지가 있을 수 있다.

내용(②)에는 요인에 따른 내용을 기재하고, 내용 수준(③)을 상중하로 평가한다. 이 작업은 각종 검사 자료, 부모나 담임의 견해 등을 반영해야 하며, 상중하 평가에 대해서는 내담자의 동의를 구하는 게 좋다. 내담자에 따라 성적이 똑같이 3등급이어도 그 정도면 만족한다고 생각할 수도 있고, 절망적이라고 생각할 수도 있기 때문이다.

자퇴 동기에 끼친 영향 평가(④)는 내담자가 호소하는 문제를 중심으로, 내담자의 심정과 판단을 최대한 반영하여 기재한다. 즉, 내담자 자신이 문제라고 생각하면 자퇴 동기에 영향을 크게 미친 것으로, 문제가 아니라고 생각하면 영향이 없거나 낮은 것으로 평가한다. 예를 들면, 학교의 두발 규제에 대해 매우 분개하고 있는 학생과 고분고분 순응하는 학생은 해당 항목에 대한 영향 평가가 달라질 것이다.

현재 시점에서 문제로 부각되지 않은 요인일지라도 후일에 문제로 불거질 때도 있다. 이는 내담자가 문제의 본질을 왜곡하여 인식하고 있거나, 억압 내지 잠재되어 있는 문제를 가진 경우이다. 때문에 처음에는 문제가 아니었던 요인이 나중에 자퇴 동기로 드러나는 경우가 종종 발생한다. 그러므로 자퇴 동기가 될 수 있는 내용과 영향 평가는 다각도로 꼼꼼히 점검할 필요가 있다.

자퇴 동기 요인 분석 (내담자 : 인혁)

① 동기 요인	② 내 용	③ 내용 수준	④ 자퇴 동기 영향 평가
학업성취도	수학 6등급, 타과목 7등급	중하	높음(3점)
학교생활 적응도	학교 수업에 대한 적응력 낮음	중하	높음(3점)
흥미·적성 일치 여부	Holland 전공탐색검사 RC형 진로적성 : 공학계, 자연과학계 현재 자연과정반 선택	일치	낮음(1점)
교우관계	교우관계 조사에서 끈끈한 친구는 없으나, 갈등 관계도 없음	중하	보통(2점)
교사와의 관계	담임과 약한 갈등 있음	중	보통(2점)
가정 문제	권위주의적 아버지, 부부 갈등 있음	중하	판단 불가
기타 요인	과외 교사의 조력	중	촉진(2점)

평균 점수 : 2.17점

자퇴 동기 영향을 평가할 때, 높음은 3점, 보통은 2점, 낮음은 1점을 각각 부여한다. 평균점이 2점을 넘지 않으면 자퇴할 동기 요인이 충분하지 않은 것으로 본다. 동기 요인 항목은 많을수록 오차가 줄어들기 때문에 세분화하여 목록을 작성하는 것이 좋다. 인혁이 사례에서는 가정 문제가 자퇴 동기에 직접 영향을 주었는지 판단하기 어려웠으므로 '판단 불가'로 기재한 후 평균점에 반영하지 않았다(그러나 잠복되어 있다가 후일 동기 요인으로 작용할 가능성도 없지 않다).

자퇴 후 성공 가능성 분석

자퇴 동기 요인이 충분하다고 해서 무조건 자퇴를 실행에 옮길 수는 없다. 자퇴 후의 계획을 아무리 잘 세워도 예측하지 못한 돌발 문제로 실패할 가능성이 있기 때문이다. 대책이 없거나 실현 가능성이 낮은 계획을 세운 경우는 더욱 그렇다. 그러므로 상담자는 내담자가 자기 탐색 과정을 충분히 거쳤는지, 자퇴 후의 계획 실천 가능성은 얼마나 되는지, 그럴 여건은 되는지 면밀히 검토해야 한다.

인혁이의 자퇴 후 성공 가능성을 분석한 결과(오른쪽 표)는 평균 2.43점이었다. 점수가 3점에 가까울수록 자퇴 후 성공 가능성이 높다고 보면 된다. 인혁이의 결심을 지지하는 데 또 하나의 참고가 될 수 있는 것은 학교에서 실시한 표준화 심리검사 자료이다. 1년 전에 실시한 다요인 인성검사에서 인혁이는 지배성 77·진보성 72·자기결정성 71(표준점수 척도)로 나타났다. 이 자료는 인혁이가 저항심·도전정신·

신념·고집 등이 강한 성격임을 말해 준다.

자퇴 후 성공 가능성 분석 (내담자 : 인혁)

항 목	내 용	수 준	항목별 수준 점수
자기 탐색 과정	학업성취 수준에 대한 자기 탐색	상	3점
자퇴 후 계획	학습 계획 구체적	상	3점
계획 실천 의지	의지력 높음, 가능성 있음	상	3점
능동성	타인의 강요나 압박 없는 자발적 선택임	상	3점
가족의 지지	부모가 자퇴를 반대함	하	1점
담임교사의 지지	자퇴 만류, 불신감	하	1점
기타	과외 교사의 지지	상	3점
※참고 사항	표준화 심리 검사 : 다요인 인성검사 지배성 77, 진보성 72, 자기결정 71		평균 2.43점

자퇴상담
학교를 떠나는
아이들

02 무관심 속에
서성이다
자퇴하게 된 아이

Counseling 2　**우리는 이럴 때 자퇴하고 싶어요** | 자퇴 설문 조사

"준호야! 알바 갔다 일찍 올 테니까, 약 먹고 자고 있어라. 알았지?"
"응, 나 괜찮아. 다녀와."
학교를 다녔으면 고3이 되었을 형 장호는 동생 준호가 걱정스럽다. 며칠 후면 준호가 고등학생이 되는데, 학교 예비소집에 참석했다가 감기를 달고 들어온 것이다. 녀석은 괜찮다고 하지만 이마가 꽤 뜨겁다. 아무리 아파도 소리 한번 크게 낸 적이 없는 준호는 엄마를 닮은 것 같다. 9년 전, 준호가 초등학교 2학년이 갓 되었을 때 엄마가 말없이 집을 떠났다. 크게 한판 벌리면 떼돈을 벌어 올 것처럼 큰소리 뻥뻥 치던 아버지가 밥상을 냅다 걷어찬 날이었다. 오래전 일이라 잊고 지내다가도 오늘처럼 동생이 안쓰러운 날에는 엄마의 빈자리가 더욱 쓸쓸하다.
장호는 치킨 배달 오토바이에 시동을 걸고 핸드폰을 열었다.
「공사 때문에 지방에 와 있다. 모레 올라갈게.」

아버지의 문자 메시지였다. 엄마가 집을 나간 뒤로 아버지는 아예 술독에 빠져 살다시피 했다. 그나마 전기 기술이 있어서 가끔 일을 나가기는 했지만, 일이 없는 날에는 아침부터 술타령이었다. 2년 전, 장호는 아버지와 대판 싸우고 이틀 동안 학교에 가지 않았다. 사흘 후 학교에 갔을 때 무단 결석으로 처벌을 받았다. 담임은 무결석을 깬 놈이라며 생각날 때마다 들볶았다. 결국 학교를 때려치우고 말았다. 그 후에는 아르바이트를 하며 지냈다. 아직까지는 미성년이라 돈이 되는 자리를 구하기 어렵지만, 내년에는 근사한 자리를 구할 것이다. 신촌도 좋고 홍대 앞도 좋다. 화려하고 으리으리한 나이트의 웨이터가 어떨까? 아버지가 요즘은 좀 나아졌다. 살림하라고 돈을 준 게 얼마만인가? 준호가 고등학생이 된다니까 부모로서 책임감이 들기는 하는 모양이다.

준호는 학교 예비소집에서 잔뜩 긴장해 있었다. 온풍기가 돌아가고 있었지만 겨우내 차갑게 얼어붙어 있던 시멘트 강당은 추웠다. 350명 신입생 중에 입을 여는 아이는 없었다. 모두 차가운 바닥만 응시한 채 얼어붙은 모양새였다.
"7시 30분까지 등교하여 4시 30분에 일과를 마칩니다. 저녁은 식당에서 먹고 밤 10시까지 야간자습을 실시할 예정입니다. 더 공부하기를 원하는 학생은 밤 12시까지 도서관에서 공부할 수 있습니다."
교무부의 안내가 끝나고, 생활규정에 대한 설명이 있었다.
"교복은 반드시 입어야 합니다. 두발은 앞머리 7센티미터, 뒷머리가 교복 칼라에 닿아서는 안 되며, 옆머리는 귓바퀴가 잘 드러나야 합니다. 무단 지각, 무단 결과, 무단 조퇴의 경우에는 생활지도를 받게 되며, 무단 결석 3회 이상이면 교내봉사 또는 사회봉사 처벌을 받습니다. 교내 흡연도 물론 처벌 대상입니다. 1회 적발 시 교내봉사, 2회 적발 시 학부모 호출 및 교내봉사, 3회 이상이면 선도위원회를 개최하여 전학 조치 또는 퇴학시킵니다."

준호는 청소년 보호 감호소에라도 들어온 것처럼 불안했다.

"준호? 야, 너 되게 예쁘게 생겼다!"
짝이 된 친구의 첫 인사였다. 웃을 때는 안 보일 정도로 눈이 작은 친구, 짝은 착해 보였지만 덜렁대는 성격인 것 같았다.
일주일은 긴장의 연속이었다. 그나마 담임선생님이 그다지 깐깐하지 않아서 다행이었다. 옆 반은 등교 시간이 20분이나 더 빨랐고, 조금만 늦어도 벌 청소를 하는 것 같았다.
입학 후 2주째, 준호는 정문에서 지도를 받았다. 깜빡 잊고 넥타이를 매지 않았기 때문이다. 정문 지도를 하는 학생부장 선생님이 눈을 부라리며 호통을 쳤다.
"신입생인데 벌써부터 해이해진 거야? 넥타이 왜 안 매고 왔어!"
준호는 아무 말도 못하고 우물쭈물했다.
"인마, 냉큼 집에 가서 매고 와!"
"네?"

"집에 가서 넥타이 매고 다시 오란 말이다!"
준호는 모기만한 소리로 대답했다.
"……네."

집에 돌아와 넥타이를 찾았는데, 벽시계는 벌써 8시 5분 전을 가리키고 있었다.
"큰일이네……. 아무리 빨리 뛰어가도 1교시 지각이네."
택시를 타면 5분 내로 도착할 수도 있지만, 준호 수중에는 달랑 천 원짜리 한 장밖에 없었다. 형도 어제는 아르바이트가 늦게 끝나서 자고 들어온다고 했다. 준호는 입학식 날 담임선생님이 강조한 말을 떠올렸다.
'옆 반보다 늦게 오는 대신, 수업시간에 지각하는 학생은 혼날 줄 알아라! 알겠나?'
"어쩌지……."
준호는 한 가지 꾀를 냈다. 힘없는 목소리로 아버지에게 전화를 넣었다.
"아빠……, 몸살이 나서 학교에 못 갈 것 같아요."
"그래서?"
"아빠가 지금 학교에 전화해 주세요. 안 그러면 혼나요."
"알았어. 병원이나 갔다 와."
"네."
"돈은 있어?"
"약 사 먹을 돈은 있어요."

"알았어. 모레 올라갈 테니까. 그리 알아라."
처음 거짓말을 할 때만 해도 왠지 불안했던 준호는 차츰 묘한 쾌감이 들었다.
'그래, 형도 예전에 학교 가기 싫으면 나처럼 그랬어.'
준호는 의자에 느긋하게 기대어 인터넷으로 영화를 보았다. 영화가 끝나갈 무렵 짝으로부터 메시지가 왔다.
「너 넥타이 때문에 집에 갔다고 담임샘에게 말했어.」
'뭐라고!'
깜짝 놀란 준호는 하마터면 의자에서 떨어질 뻔했다. 통화 버튼을 눌렀다.
"야! 담임샘에게 뭐라고 했다고? 그걸 말하면 어떡해!"
"아침 조례시간에 담임이 너 이름 부르면서 무단 지각 처리한다고 그러잖아. 그래서 너 일찍 왔는데 넥타이 때문에 걸려서 집에 갔다 올 거라고 사실대로 말했어. 근데 너 왜 안 와?"
"으휴~, 미치겠다."
준호는 앞이 깜깜했다. 아버지가 담임선생님에게 전화했을 게 분명한데 말이다. 선생님이 아버지에게 뭐라고 말했을까?
이튿날 준호는 거짓말했다고 혼날까 봐 학교 가는 것이 두려웠다. 망설이다가 학교를 또 빼먹었다. 학교로 짐작되는 전화번호가 준호 핸드폰에 몇 번 떴지만 받지 않았다.
사흘째 되는 날에는 더욱 학교 가기가 싫었다. 지방에 내려갔던 아버지가 저녁에 들어오셨는데, 별말이 없었다. 아버지는 술을 드셨는지 이내 곯아떨어졌다. 다음 날부터 준호는 학교에 가는 척하며 PC방에서 온종일 보냈다. 그나마 아버지가 준 용돈이 있어서 컵라면으로 끼니를 때웠다.
「준호야, 너 학교 왜 안 와?」
가끔 짝이 메시지를 보내왔지만, 답장도 안 했다.
1주, 2주, 시간은 빨리도 지나갔다. 학교에서 종종 전화가 걸려 왔지만, 준호는 받을 수가 없었다. 어차피 이렇게 된 거 에라 모르겠다는 심정이었다.
3주가 지났을 때, 짝으로부터 여러 번 전화가 왔다. 내키지 않았지만, 억지로 통화 버튼을 눌렀다.
"야! 너 인마 어떻게 된 녀석이야!"
짝의 목소리가 아니었다.
"누구······?"
"담임이다. 인마! 집이고 핸드폰이고 도무지 왜 연락이 안 되는 거야?"
준호는 얼어붙은 채로 아무 소리도 못했다.
"네 부모님들은 뭐하시는 분이냐? 니가 학교에 안 오는 줄 알고는 계시냐? 집에 아무도 안 계셔? 네 어머니 좀 바꿔 봐."
"아무도······ 없어요."
"부모님 핸드폰은 없어? 가정 조사서에 아버지 핸드폰만 적혀 있어서 전화했는데, 없는 전화번호래! 어떻게 된 거야?"
"전화번호가 바뀌었어요."

아버지가 그간의 자초지종을 알게 되었지만, 한숨만 쉬었을 뿐이다. 2년 전 형이 자퇴한다고 했을 때는 뺨까지 때렸는데…….
이튿날 준호는 아버지와 함께 학교로 호출되었다. 생활지도부장 선생님은 장기 무단 결석에 대한 처벌을 받아야 한다고 설명했다.
"선도위원회가 열리면 교칙에 의해 처벌을 받아야 합니다. 그게 싫으면 딴 곳으로 전학을 가든지, 아니면 자퇴를 하든지요. 어쩌시렵니까?"
아버지는 고개를 돌려 준호를 바라보았다. 준호는 말없이 고개를 저었다. 그만두고 싶다는 표시였다. COUNSELING 2
준호가 상담실을 찾은 것은 자퇴원에 도장을 찍은 뒤였다.
"자퇴한다고? 부모님은 안 오셨어?"
"아니요, 아버지가 오셨는데 먼저 가셨어요."

자퇴원을 제출하기 전에 상담하는 것과 제출한 후에 상담하는 것은 학생에게 미치는 영향 면에서 매우 다르다. 또 부모님과 함께 상담을 받는 것이 이후의 생활을 바람직한 방향으로 풀어 가는 데 훨씬 도움이 된다. 그런 면에서 준호의 경우는 가족이나 주변인의 관심을 가장 받지 못한 경우였다. 어머니의 부재, 무관심한 아버지, 학업을 중단한 형……. 오랫동안 방치되어 자란 준호에게 모델이 될 만한 사람은 없었다. 이런 상황에서는 처벌을 달게 받고 계속 학교를 다니라고 설득하기가 매우 힘들다. 설령 학교에 붙잡아 둔다고 할지라도 문제가 재발할 가능성이 높다.
다행인 것은 준호가 아직 어린아이처럼 순수하다는 점이다. 세상 물정 모르는 어린 눈빛으로 나를 물끄러미 응시하는 준호. 이 아이에게 해 줄 말은 '순수함을 잃지 말고 네 자신을 믿어라. 책 속에 스승이 있다'는 말 뿐이었다.

준호가 학교를 그만둔 지 2개월이 지났을 때 집으로 전화를 걸었다. 근황을 물었더니 참 순진하게 대답한다.
"그냥 놀고 있어요."
염려가 된다고 말했더니, 다음 달에 검정고시학원이나 전문계 학교를 알아보겠단다. 즉흥적인 대답이었을 뿐 실천할 의지는 없어 보였다. '진로 성숙'이 거의 이루어지지 않은 상태에서 여전히 방치되고 있었다.

준호가 무단 결석을 시작했을 때 상담교사로서 조기에 개입하지 못한 점이 큰 아쉬움으로 남는다. 물론 상담교사 혼자 1천 명이 넘는 학생 개인의 일상을 파악하기란 여간 어려운 일이 아니다. 담임교사와의 유기적인 협조가 즉각적으로 이루어진다고 해도 무단 결석생이 여러 명일 때 일일이 조력하는 일도 쉽지 않다. 그렇지만 넥타이에서 시작된 사소한 일이 나비효과처럼 큰 파장으로 번져 자퇴에까지 이르게 되었으니 여간 안타까운 일이 아니다.

우리는 이럴 때 자퇴하고 싶어요 | 자퇴 설문 조사

남(193명)·여(185명) 고교생 378명을 대상으로 자퇴 관련 설문 조사를 실시하였다.
(서울 지역, 일반 인문계, 남고 5개 학급, 여고 5개 학급, 1~2학년 대상)

학교를 자퇴하고 싶은 적이 있었습니까?

설문 내용	남학생	여학생	합계
자퇴하고 싶은 적이 있었다	101명(52.3%)	109명(58.9%)	210명(55.6%)
실제로 자퇴한 경험이 있다	2명(1.0%)	1명(0.5%)	3명(0.8%)
자퇴는 생각해 본 적이 없다	90명(46.6%)	75명(40.5%)	165명(43.7%)
합 계	193명(100.0%)	185명(100.0%)	378명(100.0%)

설문 조사 결과 남학생의 52.3%(101명), 여학생의 58.9%(109명)가 학교를 그만두고 싶다고 생각한 것으로 나타났다. 남학생 비율이 여학생보다 낮게 나온 이유는 남학생들의 설문 참여도가 상대적으로 낮아, 그것이 오염 변인으로 작용한 탓이다(조사 대상이 된 남학생 다섯 학급에는 이미 자퇴한 학생이 6명 있었고, 잠을 자거나 귀찮아서 설문에 응답하지 않은 학생도 십여 명 있었는데 이들은 설문통계에서 제외되었다. 이 학생들이 설문에 참여했다면 남학생의 자퇴 희망 비율이 더 높아졌을 것으로 예상된다).

자퇴를 생각해 본 적이 있는 학생 213명(자퇴 유경험자 3명 포함)에게 어떨 때 학교를 그만두고 싶은지 이유를 물었다. 사유가 여러 가지인 경우 '복수 항목에 응답'

하도록 하였는데, 그 결과 남학생 집단은 23개 항목 중 평균 4.4개를 체크하였고, 여학생 집단은 평균 3.1개를 체크하였다. 불만 비율이 높게 나온 항목부터 정리하면 다음과 같다.

어떨 때 학교를 그만두고 싶습니까? (중복 체크 가능)

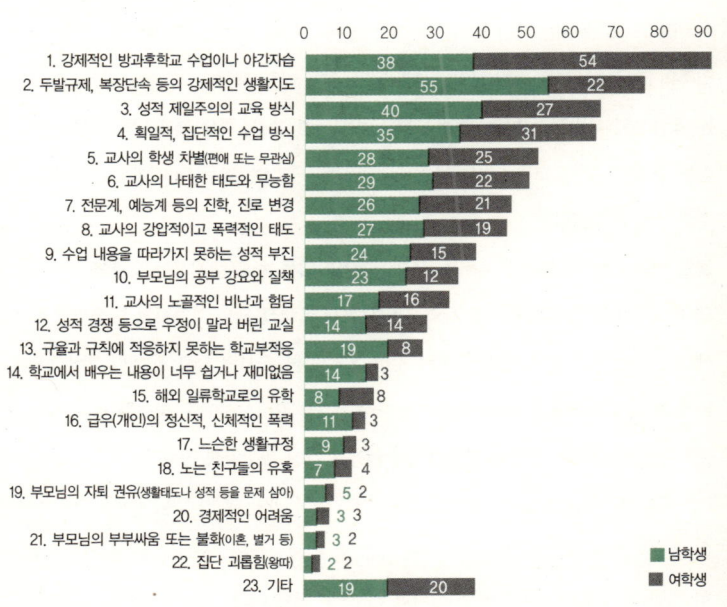

여학생 집단의 불만 항목 1위는 '강제적인 방과후학교 수업이나 야간자습'이었고, 남학생 집단의 1위는 '두발규제·복장단속 등의 강제적인 생활지도'였다. 이런 결과는 두 집단이 속한 학교의 생활지도 방침의 차이가 작용했기 때문이다(남학생 집단의 학생들은 학교로부터 삭발 조치를 당한 경우가 많았고, 여학생 집단의 학생들은 전원이 의무 야간자습을 하고 있다).

하지만 그 외 순위는 거의 일치했다. 불만 항목 3위와 4위는 공통적으로 '성적 제일주의 교육 방식'과 '획일적이고 집단적인 수업 방식'이었다. 이 같은 설문 결과는 학생들의 자발적인 학습 참여나 자율적인 규범 생활, 학생 개개인의 소질과 적성을 살릴 수 있는 교육 방법론을 깊이 고민해야 한다는 교육 과제를 학교에 던져 주고 있다고 하겠다.

불만 항목 5위, 6위, 8위, 11위는 각각 '교사의 학생 차별(편애 또는 무관심)' '교사의 나태한 태도와 무능함' '교사의 강압적이고 폭력적 태도' '교사의 노골적인 학생 비난과 험담' 등 교사와 관련된 것이었다. 물론 교사의 태도에 대한 학생들의 인식과 실제 사이에는 적지 않은 괴리가 있을 테지만, 그럼에도 이러한 설문 결과는 학생들을 대하는 교사의 마음가짐과 언행을 새삼 돌아보게 한다.

7위 '전문계, 예능계 등의 진학 및 진로 변경'이나, 9위 '수업 내용을 따라가지 못하는 성적 부진', 10위 '부모님의 공부 강요와 질책', 12위 '성적 경쟁 등으로 우정이 말라 버린 교실' 등은 모두 성적과 연관되는 것이다. 많은 아이들은 성적 부진으로 부모에게 질책을 받고 있다고 응답했으며, 지나친 점수 경쟁으로 학교 교우 관계가 삭막해졌다고 생각했다. 아이들은 이런 고민 속에 전문계나 예체능 계열 학교로 진로를 변경하기도 한다.

13위부터 22위까지는 공부에 흥미가 없거나 유학을 가고 싶은 등 개인적인 고민과 함께 급우의 폭력이나 노는 아이들의 유혹과 같은 교우관계 문제가 뒤를 이었다.

한편, 사회적 이슈로 부각된 '집단 따돌림(왕따)'에 의한 자퇴 고민은 2% 이내로 나타났다(응답률이 생각보다 낮은 이유는 집단 따돌림을 개인적인 폭력으로 인지하여 16위 항목에 체크한 결과일 수도 있다). 물론 2%라 할지라도 피해 학생이 겪는 고통이나 후유증을 생각하면 결코 가볍게 여겨서는 안 될 수치이다.

'기타'에는 '성격 문제'와 '건강 문제' 등을 주로 기재하였으며, 체크만 하고 공란으로 비워 둔 경우도 있었다.

이 설문통계는 오염 변인에 의한 오차가 상당 부분 있음을 인정해야겠지만, 그와는 별개로 최근 3년간 학업을 중단한 중고생이 17만 명에 육박하는 현실에서 학교와 교사가 지향해야 할 방향을 시사해 주고 있음을 간과해서는 안 될 것이다.

자퇴상담
학교를 떠나는
아이들

03 야단맞을 게
   두려워
      자퇴를
   생각한 아이

Counseling 3 **상담의 가치**

여름방학이 끝난 9월초, 2학년 상근이가 상담실을 찾았다.
"선생님, 상담을 하고 싶어서 왔어요." COUNSELING 3
상근이는 게임에 빠져 공부가 잘 안 되고, 공상이 심하여 때로는 현실로 착각할 때가 있다고 호소했다.
"그래, 언제 공상과 현실이 구분이 안 가는데?"
"음, 제가 투명인간이 된 것으로 착각을 하기도 해요."
"그래? 네가 착각하고 있다고 말하는 것으로 보아서 구분을 잘 하는 거 같은데?"
"아……, 그런가요?"
상근이는 머리를 긁적이더니 이런저런 넋두리를 늘어놓았다. 학급 석차 5등을 목표로 열심히 공부하고 있다, 누나는 자기보다 공부를 잘한다, 공부의 노하우를 알고 싶다 등등. 그러다가 슬쩍 지나가는 말투로 담임선생님이 자기를 미워하는 것 같다고 말했다.
"설마, 너만 특별히 미워하실 리가 있겠니?"
"저는 그렇다는 생각이 들어요."
"아마, 아닐 거야. 네 담임선생님이 지독한 근시인 것은 알지?"
"그래요?"
사실이 그랬다. 상근이 담임은 지독한 근시여서 사람을 잘 몰라볼 때가 종종 있었고, 그 때문에 오해를 사기도 한다.
"눈이 나쁜 탓에 교장 선생님도 몰라본 적이 있어서 교장 선생님께 꾸지람을 듣기도 했었다니까."
상근이는 하하 웃었다.

상담을 마치고 나가는 상근이의 모습을 보고 동료 선생님이 덕담을 했다.
"상담을 하고 나가는 아이의 얼굴이 환하네요. 어쩌면 그렇게 아이들의 마음을 잘 다독이실까?"
칭찬을 듣고 곰곰이 돌이켜 보니 실상은 알맹이가 없는 상담이었다는 데 생각이 미쳤다. 상근이에게는 특별한 고민이 없었고, 따라서 이렇다 할 해결책도 찾지 않은 상담이었기 때문이다.
상근이는 상담을 받으러 온 것이 아니라, 마치 자동차를 팔려는 세일즈맨처럼 굴다가 갔다. 말하자면 상담자의 비위를 맞추러 온 내담자였다.
'저 아이의 진짜 고민은 무엇일까? 속마음을 감추고 있어……. 담임이 자기를 미워한다는 말에 더 주의를 기울였어야 했는데……. 객관성을 잃

고 담임 입장을 변호하고 말았구나.'

내담자와의 공감 형성 단계부터 실패한 상담이었다. 그날 이후로 상근이는 오랫동안 상담실을 찾아오지 않았다. 때때로 교정에서 마주치면 반색하며 인사했다. 그러나 그 웃음 뒤편의 시선은 여전히 불안정해 보였다. 시나브로 낙엽이 지더니 기말고사가 끝났고, 겨울방학식 날이었다. 양팔을 위아래로 힘차게 흔들며 휘파람까지 불면서 교문을 나서는 상근이의 뒷모습. 고향으로 첫 휴가를 가는 일등병처럼 걸음걸이가 날아갈 듯했다.

지구온난화 영향 탓인지 여느 해보다 따뜻한 겨울을 보내고 신학기를 맞았다. 3학년이 된 상근이에게는 별문제가 없는 듯했다.

따사로운 햇살 아래 축축한 대지가 아지랑이를 피워 올리는 4월의 오후였다. 상담실 문짝이 화들짝 요란하게 열리더니 상근이가 헐레벌떡 뛰어들었다.
"선생님! 저를 좀 어떻게 해 주세요!"
하얗게 질린 얼굴, 이마에는 식은땀이 줄줄 흘러내렸다.
"아니! 상근아, 무슨 일이야?"
"어유~ 헉헉. 아유~ 헉헉."
상근이는 한참 동안 안절부절 어찌할 바를 모르고 숨 막혀 했다.
"저……, 숨 막혀 죽을 것 같아요! 헉헉!"

패닉 상태였다. 앞자리 여선생님이 눈을 동그랗게 뜬 채 내게 물었다.
"보건 선생님을 부를까요?"
그러는 게 좋겠다고 말하려는 순간, 가슴을 부여잡고 쩔쩔매던 상근이가 손을 내젓는다.
"아, 아녜요. 그냥 이대로 두세요. 조금 있으면 나아질 것 같아요."

상근이를 의자에 앉혔다. 그 후에도 한동안 심장의 거친 박동이 가라앉지 않았다. 어느 정도 시간이 흐르자 상근이는 다소 안정을 찾았다. 상근이가 한숨을 쉬면서 말했다.
"학교 어디에도 갈 곳이 없어서 이리로 달려왔어요!"
"알았다. 조금 더 있다가 이야기하렴."
따뜻한 차가 좋을 것 같아서 녹차를 권했다. 이윽고 안정을 찾은 상근이가 말문을 열었다.
"선생님, 사실은…… 작년에 제가 나쁜 짓을 했어요."
상근이는 자초지종을 털어놓기 시작했다.

상근이는 이런저런 강요를 많이 하는 작년 담임이 마음에 들지 않았다. 특히 성적 1등 학급을 만들겠다고 아이들을 다그치는 것이 가장 못마땅했다. 보충수업이나 야간자습도 반강제적으로 시켰다.
엄마에게 불만을 말했지만,
"녀석아, 괜히 찍힐 짓 하지 말고 선생님 말씀 잘 들어. 다 너희들 공부

많이 시키겠다고 그러는 거 아녀"
하며 찍소리도 못하게 했다.
그럭저럭 여름방학이 되자 상근이는 시립도서관을 다니며 부족한 공부를 하려고 계획했다. 그러나 뜻대로 되지 않았다.
"방학 중 보충수업을 2주 동안 실시하니까, 전원 신청하도록! 알겠지!"
담임의 말에 아이들은 당연한 일이라는 듯 아무도 토를 달지 않았다.
"에~ 또, 그리고~, 보충수업이 끝나도 우리 반은 쉬는 날 없이 학교에 나와 자습을 한다. 나도 매일 나올 테니까 빠질 생각은 하지 마라. 알았나!"
그제야 아이들은 서로를 쳐다보며 웅성댔지만, 아무도 나서지 않았다.
"선생님! 원래 보충수업도 희망자에 한해서 하는 거 아녜요? 그런데 방학 때 자습하러 억지로 나오라고 하는 것은 좀 심하신 것 같아요. 따로 공부 계획을 세울 수 없잖아요."
급기야 상근이가 나섰다. 눈이 나쁜 담임은 상근이를 똑바로 보기 위해 시선을 집중했다. 눈살을 찌푸리고 바라보는 모습이 마치 노려보는 듯해서 상근이는 움찔했다.
"좋아! 방학 때 자습을 정 못 나오겠다는 사람은 부모님께 전화하시라고 해. 방학 때 얼마나 공부하는지 두고 볼 거야. 반 평균 깎아먹거나 석차가 내려가면 그땐 알아서 해. 너희들 방학 때는 전부 늦잠만 자는 거 다 알아. 안 그래? 아닌 사람 있으면 어디 손들어 봐!"
의욕에 넘쳐 훈계하는 담임에게 맞설 학생은 아무도 없었다. 상근이도 예외는 아니었다. 괜히 나섰다가 본전도 못 건진 셈이다.

상근이는 울며 겨자 먹기로 2주 동안 보충수업을 나왔다. 그러나 보충수업이 다 끝나고도 쉴 수 없었다. 학급 자율학습을 하러 학교에 나와야 했기 때문이다. 상근이는 아침마다 이부자리에서 도무지 일어날 엄두가 나지 않았지만 엄마가 등을 떠미는 통에 어쩔 수 없이 등교했다.

고요한 학교에서 상근이 반만 자습을 했다. 그런데 날씨가 문제였다. 삼복더위에 교실은 찜통이었다. 교실 천정에 선풍기 4대가 돌아가기는 했지만, 에어컨은 꿈쩍도 하지 않았다. 전학년 보충수업이 끝난 상태라 한 학급을 위해 에어컨을 가동하지는 않았기 때문이다.

'이건 완전 독재야, 누구를 위해 공부하는 거야? 학급 1등은 담임의 욕심일 뿐이야.'

자습 이틀째, 상근이는 말없이 가방을 챙겨 집으로 돌아오고 말았다.

엄마는 상근이를 걱정했다. 담임에게 밉보여서 좋을 게 뭐 있냐는 것이었다. 이튿날 엄마는 담임에게 전화를 해서 그럴 듯한 핑계를 댔다.

"선생님께서 열성으로 지도하시는데 죄송합니다. 우리 애가 수학이 좀 달려서요. 2주 동안만이라도 기숙학원에서 집중 지도를 받으려고 해요. 자습 좀 빼 주세요."

열성으로 지도한다는 평판을 들으니 담임은 기분이 좋았다. 청을 흔쾌히 수락했음은 물론이다.

어머니의 노력과는 별개로 상근이는 며칠 동안 집에서 투서를 작성했다. 보충수업을 강제로 시키고, 찜통더위에 학교에 나와 억지로 자습을 하도록 시키는 담임에 대한 불만사항을 조목조목 적은 내용이었다.

상근이는 자신이 하는 일이 어떤 결과를 가져올지 알 수 없어 불안했지만, 교육청 홈페이지에 익명으로 글을 올린 후 등록 버튼을 클릭했다.

"후~, 에라 모르겠다. 담임이 잘못한 게 없으면 그냥 넘어갈 것이고, 잘못한 게 있으면 바로 잡아야 하는 게 정의라고 배웠어. 난 잘못한 거 없어."

상근이는 자신이 옳은 일을 했다고 믿고 싶었다. 그러나 한편으로는 비겁한 짓일지도 모른다는 생각에 심란했다. 자기가 한 일이 어떤 결과를 초래할지 예측할 수 없는지라 날이 갈수록 점점 더 불안해졌다. 입맛도 없고 잠도 오지 않았다. 누구에게 말할 수도 없는 일이어서 전전긍긍했다.

드디어 2학기 개학일.

"내가 너희들 위해서 공부를 시키려고 한 것이 그렇게 못마땅했니? 참 정떨어진다. 이놈들아!"

영문을 모르는 반 아이들은 담임이 왜 또 저러나 의아한 모양이었다. 게중에는 자신들이 은연중에 푸념하는 소리를 담임이 듣고 저러는가 싶어 공연히 뜨끔해 하는 아이들도 있었다. 상근이는 마음이 점점 더 불편해졌다. 담임을 곤경에 빠뜨리면 고소할 줄 알았는데, 오히려 죄책감만 드는 것이었다.

담임 J선생은 교육청 투서 사건을 쉽사리 잊을 수가 없었다. 무슨 뇌물을 받은 것도 아니고, 비리를 저지른 것도 아니고, 단지 아이들의 실력

향상을 위해 헌신한 것뿐이었다. 방학도 헌납한 채 봉사한 결과가 교육청 조사라니 생각할수록 기가 막혔다. 옛날 제자들은 감히 생각도 못할 일인데 요즘 세상이 왜 이 모양인가 한탄스럽기조차 했다. J선생은 배은망덕한 녀석을 그냥 두면 남 뒤통수나 치는 못된 놈이 되도록 방조하는 것이라고 생각했다.

J선생은 의심이 가는 두 아이를 지목했다. 평소 지시를 잘 따르지 않아 눈 밖에 났던 아이들이었다. J선생은 두 아이를 불러 이런저런 질문을 하며 아이들의 반응을 살폈다.

아이들은 억울했지만, 자신을 의심하는 담임 앞에서 왠지 주눅이 들어 당당하고 떳떳하게 결백을 주장하지는 못했다. J선생은 두 아이가 범인일 것이라는 심증을 굳혔다.

이후로 두 아이는 담임으로부터 은근히 따돌림을 받는 것 같다. 이를 지켜봐야 하는 상근이는 못내 괴로웠다. 자신 때문에 엉뚱한 두 친구가 피해를 보고 있으니 말이다. 하지만 뒷감당이 두려워 자신이 한 일이라고 공개적으로 밝힐 자신은 없었다.

대신 차선책으로 두 친구에게 자신이 한 일을 실토했다.
"너희들이 죄 없는 거 나는 잘 알아. 바로 내가 한 일이기 때문이지. 얘들아, 너희들 정 견디기 어려우면 내가 그랬다고 솔직하게 말해도 좋아."
두 아이는 상근이를 원망하지 않았다.

"괜찮아. 이 일 아니어도 어차피 담임 눈 밖에 난 지 오래야. 의심을 받는 건 괴롭지만, 네가 잘못한 거라고 생각하지 않아. 오히려 통쾌하기도 했어."
상근이는 두 친구가 고마워서 자신이 한 말을 다시 한 번 강조했다.
"진짜야, 언제든지 힘들면 솔직하게 털어놓아도 돼."
"그래, 정 그러면 졸업할 때 털어놓지 뭐."

상근이에게 2학기는 긴 터널과도 같은 시간이었다. 늘 불안하고 작은 일에도 깜짝깜짝 놀라는 소심증까지 생겼다.
'아, 죄짓고는 못사나 보다.'
상근이는 죄책감을 덜기 위해서 교회를 다니기 시작했다. 신앙을 갖게 된 뒤로는 마음이 좀 편해진 듯했다. 그럭저럭 2학기를 보내고 겨울방학을 하게 되자 상근이는 하늘을 날 것처럼 기분이 좋았다. 방학식이 끝나고 집에 갈 때는 겅중겅중 뛰면서 휘파람까지 불었다.
상근이는 해방의 기쁨을 방학 내내 실컷 누렸다.

긴 겨울방학이 지나고 개학일이 다가오자 상근이는 다시 초조해지기 시작했다. 2학년 담임이 다시 3학년 담임이 된다거나 하는 비극적인 사태가 올지도 모른다는 생각도 들었다. 천만다행으로 작년 담임이 계속 2학년을 맡게 되었다는 소식을 듣고서야 안도했다. 허나 1주일에 2시간씩 J선생의 과목을 들어야 했다.
상근이는 J선생님의 시선을 피하기 위해 가급적 뒷자리에 앉았다. 이미

7개월이나 지났지만 상근이는 여전히 J선생님 그림자만 보아도 흠칫 놀라곤 했다. 그러나 어쩔 도리가 없었다. 고백을 하기에는 너무 늦었다는 생각이 들었다.

여기까지 말하고 상근이는 한숨을 내쉬었다.
"그래, 그랬구나. 마음 졸이며 지내느라 참 힘들었겠다. 이렇게 말하고 나니 기분이 조금 나아지지?"
"네, 조금요."
"그런데 오늘은 왜 그렇게 갑자기 숨이 막힐 지경으로 공황상태가 된 거니?"
다소 안정을 찾은 상근이는 울 것 같은 표정으로 말했다.
"오늘 점심시간에요, J선생님이 저를 찾아 교실로 오셨어요. J선생님을 보는 순간 제 가슴이 덜컹 내려앉았고, 꼼짝하기조차 힘들었어요."

J선생은 얼어붙어 버린 상근이를 보고 굵고 짧은 한마디를 남겼다.
"너, 잘못한 거 있지! 오늘 수업 끝나고 교무실로 내려와!"
상근이는 드디어 올 것이 오고야 말았다고 생각했다. 작년에 의심 받던 두 친구가 졸업할 때까지는 말하지 않겠다고 했지만, 약속보다 빨리 실토한 모양이었다. 끝까지 비밀을 지켜 주었으면 좋았을 텐데, 그렇다고 탓할 수도 없다. 누명을 쓴 채 그동안 억울하게 지내면서 참아 준 것만도 감사해야 할 일이다.

J선생님의 호출 명령을 받고 난 후 3시간 동안 상근이는 온갖 상상에 시달렸다.

스승을 고발한 배은망덕한 놈으로 처벌을 받고, 부모님이 소환되고, 친구들에게 멍청한 놈으로 찍혀서 왕따가 되는 끔찍한 상상이었다. 저놈 때문에 우리가 의심 받고 시달렸다며 침을 뱉고 손가락질하는 친구들의 환영이 교실 칠판 위로 지나가기도 했다. 교실 중앙에 걸린 시계의 초침이 째깍째깍 수업 종료 시각을 향해 다가갈수록 상근이는 몸이 떨려 왔다.

J선생님의 싸늘한 눈길을 어찌 감당할 것이며, 만약 따귀라도 한 대 맞으면 어떻게 해야 할지 대책이 서지 않았다. 교무실의 그 많은 선생님들이 째려보면서 한마디씩 나무라기도 한다면 또 어찌할 것인가.

'내가 좋아하는 예쁜 H선생님도 나를 경멸하실지 몰라.'

그런 일이 벌어진다면 못 견딜 것 같았다. 이어지는 온갖 상상들 중에는 상근이가 감당할 만한 것이 별로 없었다. 이대로 시간이 멈추었으면 좋겠다는 생각이 들었지만, 야속하게도 일과 종료를 알리는 벨은 어김없이 제시간에 울렸다.

벨 소리가 너무도 크게 징징 울리는가 싶더니 숨이 가쁘기 시작했다. 심장은 쿵쾅쿵쾅 망치질을 하는 듯하고 다리는 후들거렸다.

'아! 어쩌면 좋아! 창밖으로 확 뛰어내릴까!'

벼랑 끝에 서 있는 듯 절박한 심정이 들었을 때, 번쩍하고 떠오른 곳이 있었다.

"그래, 상담실로 가야 해!"

상근이는 누구에겐가 뒷덜미라도 잡힐세라 부리나케 상담실을 향해 달렸다.
"그래, 오늘 생긴 문제를 어떻게 해결하면 좋을지 함께 이야기해 보자꾸나."
상근이는 도움의 손길을 바라는 간절한 눈빛으로 고개를 끄덕였다.
"저……, 그냥 자퇴해 버릴까요?"
"자퇴?"
"네, 작년부터 그런 생각 많이 했어요."
"도망을 가겠다는 거니? 투서할 때의 용기는 다 어디 간 거야?"
"후유~."
상근이는 입술을 훔치며 한숨을 쉬었다.
"상근아, 나는 오늘 일이 차라리 잘 되었다고 생각하는데, 너는 어떠니?"
"네? 오늘 저는 숨이 막힐 것 같은데요?"
"숨이 막힐 것처럼 답답하고, 어찌해야 좋을지 모르겠고, 앞으로 어찌될지 두렵기만 하다는 말이지?"
"네, 최악이에요."
"최악이라고? 무엇이 최악인 거지?"
상근이는 질문의 의미를 선뜻 이해하기 어려운지 고개를 갸우뚱했다.
"상황이 최악인 건지, 아니면 감정이 최악인 건지 생각해 봐."
"제 생각에는 둘 다인 것 같은데……, 아무튼 어찌할 바를 모르겠어요. 무서워 죽겠어요."

"옳지! 네가 말한 것을 재해석해 보자. 어찌할 바를 모르겠다는 것은 문제 상황을 어찌해야 할지 모르겠다는 것이고, 무서워 죽겠다는 것은 공포감인데 이는 원초적 감정이야. J선생님이 널 오라고 말했을 때부터 지금까지 너는 공포에 한참 시달렸어. 그러니까 감정 면에서 최악을 경험한 거야."
"그럼, 상황은 최악이 아닌가요?"
"그렇지, 상황은 어떻게 해결하느냐에 따라서 전화위복이 될 수도 있지."
상근이는 전화위복이라는 말에 솔깃했다.
"상근아, 너 그동안 이 문제가 불거지기 전에는 마음이 편했니?"
"아니요, 늘 걱정했어요."
"그래, 네가 잘못한 것 같아서 죄책감이 들었고, 친구들이 누명을 쓰고 있어서 괴로웠고, 아마 J선생님도 화가 풀리지 않은 채로 지냈을 거야."
"네, 맞아요."
"오늘 일이 어떻게 해결되었으면 좋겠는지 말해 보렴."
"그냥 아무 일도 없었던 것처럼 되었으면 좋겠어요."
"그건 불가능하지. 문제는 이미 발생했고, 그에 대한 좋은 해결 방안이 무엇일까 생각해 봐."
"음……, J선생님께서 너그럽게 용서해 주시면 좋겠어요."
"그럼, 용서를 어떻게 받을까?"
"죄송하다고 사과드려야겠지요."
"좋아. 그런데 사과드리고 난 후에 혹시 후회하지는 않겠니? 나중에 무서워서 억지로 사과했다는 생각이 들면 기분이 또 나빠질 수도 있거든."

상근이는 고개를 가로저었다.
"아니요, 아니요. 잘못했다고 빌어도 안 받아 주시면 어떡하나 걱정돼요."
"그래, 그럴 수도 있겠다. 좋아! 그러면 내가 J선생님을 먼저 만나서 이야기를 해 볼게. 그게 좋겠지? J선생님도 지금의 네 심정을 알면 마음이 좀 누그러지실 거야."
"네, 선생님."
J선생님을 만났다. 상근이의 불안 강도가 커서 충동적 위험 행동을 할 수도 있으니 너그럽게 포용해 주시라고 부탁했다.

상근이는 J선생님을 만나 30분 정도 이야기를 나눈 후에 돌아왔다. 이마의 주름살이 확 펴진 얼굴이었다.
"그래, J선생님께서 뭐라고 하시든?"
"제 잘못을 용서하시겠대요."
"정말 잘 되었구나!"
"그런데, 한 가지 조건을 다셨어요."
"조건?"
"네. 교육청 홈페이지에 회개하는 글을 올리라고 하셨어요."
"그래?"
'회개'라는 말에 하마터면 웃음을 터트릴 뻔했다. 하지만 상근이가 상상했던 온갖 부정적인 결말에 비하면 최선이랄 수 있다.
"상근아, 이제 두 다리 쭉 뻗고 잘 수 있겠니?"

"네."

"오늘 일로 여러 사람이 편해지겠다. 의심 받던 두 친구도 누명을 벗을 테고, J선생님도 이 일을 차차 잊을 것이고, 너 또한 죄책감을 덜 테니까 말이다."

"네."

"자퇴하고 싶은 마음, 뛰어내리고 싶은 마음이 아직도 있니?"

"아니요, 생각만 해도 끔찍해요."

"그렇구나, 상근이 너 오늘 지옥과 천당을 왔다 갔다 했구나. 하하."

 상담의 가치

「한 사람이 그 이전보다도 더 나은 사람이 됐는지, 혹은 그렇지 않은지 그 여부를 우리가 어떻게 알 수 있겠는가? 그리고 우리가 그것을 알 수 없는데 어떻게 그 사람이 다른 사람을 보다 나은 사람이 되도록 촉진해 줄 수 있는 전문가라고 증명할 수 있겠는가?」

- 《사람 - 중심 상담》(칼 로저스, 오제은 역, 학지사, 2007)

인간중심 상담의 창시자 칼 로저스가 그의 오랜 동료에게 했다는 이 말은 얼핏 자조적으로 들린다. 그러나 이는 '인간은 누구나 변화할 수 있는 능력이 있고, 스스로 자아실현을 할 수 있는 힘을 가지고 있다'는 그의 믿음을 역설적으로 표현한 것일 터이다.

"수학은 가르칠 수 있어도, 상담은 도무지 자신 없어요."
동료인 T선생님의 하소연이다. 사실, 상담은 내담자 세계로의 몰입이 요구되기 때문에 힘든 일이기는 하다. 그러나 결코 어려운 일은 아니다.
"상담에 자신 없어 하는 이유는 무엇인가요?"
"수학이야 정답이 있지만, 사람의 일은 정답이 없잖아요. 그래서 문제를 호소하는 학생이나 부모의 문제를 어떻게 해결해 주어야 할지 모르겠어요."
상담자는 길 잃은 배의 등대가 될 수 있지만 결코 선장이 될 수는 없다. 어디까지나 배의 주인은 내담자이다. 항로의 선택권은 선장인 내담자에게 있다. 그런데 T선생님은 상담자가 선장의 역할을 해야 하는 것으로 잘못 생각하고 있기 때문에 상담을 어렵게 여기는 것이다. 때로 상담자가 내담자의 배에 승선하여 조타수 역할을 해야 할 경우도 있다. 특히 학교 상담자는 미성년 아동의 보호자 역할을 해야 하므로 일반 상담자보다 개입할 여지가 더 많다. 그렇지만 상담자의 개입은 가정폭력이나 학교폭력처럼 심각한 경우가 아니면 자제하는 것이 좋다. 상담자의 직접적인 도움을 많이 받을수록 내담자의 의존성이 높아지기 때문이다. 상담자는 역할 모델role model이 될 수는 있지만, 대리인agent이나 해결사trouble-solving broker가 될 수는 없다. 그래서 상담 활동가들을 카운슬러counselor, 조력자helper 등으로 일컫고, 대리인이나 해결사라고는 하지 않는 것이다.

한편, 상담의 목표와 접근법을 이해하면 상담자의 역할에 대해 더 뚜렷하게 이해할 수 있다.

상담의 목표는 내담자의 문제 해결력을 높이고 자아 성장을 돕는 데 있다. 그러므로 상담자는 내담자의 강점 자원을 최대한 끌어내어 촉진하는 데 집중해야 한다. "당신은 이게 문제로군요"하는 식으로 부정적인 것에 초점을 두는 상담은 내담자의 성장을 촉진하기 어렵다. 물론 내담자의 삶의 태도나 방식에 대한 지적이 필요한 경우도 있다. 허나, 이때도 항상 긍정적인 칭찬과 인정이 반드시 뒤따라야 한다. 일고수이명창一鼓手二名唱이라 하지 않든가.

"얼씨구, 좋다. 옳지, 잘한다."

상담자의 한마디 추임새에 내담자는 큰 힘을 얻는다.

상담의 접근법이란 상담의 이론적 배경과 인간관, 절차와 과정, 방식과 기술 등 총합적인 방법을 말한다. 하지만 상담 접근법은 매우 다양하여 일일이 열거하는 것이 불가능하다. '백 명의 상담자에게, 백 개의 상담 접근법이 있다'고 보아도 무방하다. 이는 마치 골프 경기의 운영 방식과 같다. 목표는 홀이지만 당일 경기장의 제반 여건에 따라 공의 궤적을 각각 달리 그려야 하는 것처럼 말이다. 다만, 상담의 목표에 충실할 수 있는 최선의 방법이 무엇인지는 그 효과가 입증된 주요 이론에 대한 학습과 임상을 통해 터득해 나가야 한다.

상담의 효과가 부정적일 수도 있다는 우려는 대가大家들도 한다. 그러나 나는 그 견해에 대해 동의하지 않는다. 내담자가 상담자와 더불어 '공감적 우호의 관계'만 경험할 수 있다면, 그것만으로도 도움이 된다고 믿기 때문이다. 사방이 온통 회색인 방에 홀로 갇혀 버린 것 같은 고립감, 무인도에 홀로 버려진 것만 같은 소외감만 아니라면 자아 성장에 그 어느 것도 나쁘지 않다.

함께 울고, 함께 웃고 즐기며, 때로 함께 분노할 수 있다면 그것만으로도 훌륭한 상담이 된다.

자퇴상담
학교를 떠나는
아이들

04 부모의
학교 혐오감이
그대로 투사된
아이

Counseling 4 **학교상담의 기본 원칙**

"선생님, 전에 말씀 안 드린 것이 있어요. 솔직히 말씀 드려서 우리 아이, 학교 가면 답답했대요. 제 생각에도 그래요. 전 65년생인데 제가 학교 다닐 때나 지금이나 변한 게 하나도 없어요. 아니, 오히려 그때보다 더한 것 같아요. 중학교 3년 지긋지긋했는데, 고등학교도 마찬가지예요!"
전화기의 격앙된 목소리가 잠시 숨을 고르는가 싶더니 계속 이어진다.
"제가 학교가 싫다고 아이가 자퇴할 때 말씀 안 드린 것은 선생님도 학교에 몸담고 계신 분이기 때문이에요. 안 그래요? 학교가 싫어서 자퇴하는 거라고 말하면 선생님도 기분 나쁘셨을 거예요."
"아, 그랬군요. 하지만 제가 기분 나빠할 것이라고 생각하신 것은 세린이 어머니의 편견이에요."
"학교에서는 별것도 아닌 일로 싸대기 올리는 일이 다반사예요. 그런 선생님들이 30년씩 학교에 있는데 뭐 변하기나 하겠어요?"

세린이 중학교 때의 선생님을 두고 하는 말인 듯했다.
"죄송합니다. 저 역시 답답합니다."
"선생님도 어쩔 수 없잖아요. 그 사람들 생각이 바뀌겠어요?"
"네, 저도 동창회 가면 친구들에게 욕 많이 먹어요. 자기네 학교 선생이 이러저러한데 선생들은 다 그 모양이냐고 저에게 대신 화풀이하죠. 이야기를 들어 보면 다 옳아요."
"돈 밝히는 선생님들도 여전하구요. 도무지……."
세린이 어머니의 솔직한 이야기가 거침없이 이어졌다.
"그래요. 어머니께서 솔직하게 말씀하시니 제 속이 다 시원합니다. 세린이가 자퇴 사유를 뚜렷하게 말하지 않은 이유를 이제야 알겠습니다."

세린이는 K중학교를 졸업하고 같은 재단 소속인 K고등학교에 배정되었으나, 입학을 포기하고 미국으로 1년간 연수를 갔던 학생이다. 미국에서의 생활은 만족스럽지 못했다. 1년만에 돌아온 세린이는 다시 K고등학교에 편입하게 되었다.
입학 후 두 달이 지났을 때, 세린이가 자퇴 의사를 담임에게 밝혔다. 담임은 깜짝 놀랐다.
"아니, 세린아, 그게 무슨 소리야?"
"제 목표가 치과대학인데요, 이대로는 힘들다는 생각을 했어요."
"이제 1학년 시작일 뿐인데 왜 그런 생각을 해? 중간고사 성적도 나쁘지 않은데 말이다."

담임은 중간고사 성적 일람표를 꺼내 확인하고는 말을 이었다.
"영어 1등급, 국어 2등급, 흠……. 수학은 4등급이지만, 그거야 더 열심히 하면 올릴 수 있잖아. 너라면 충분히 할 수 있다고 믿어. 딴생각 말고 공부나 열심히 하자. 어때?"
세린이는 생각이 깊은 아이답게 자기 뜻을 우겨대지는 않았다.
"네, 선생님. 말씀대로 한번 더 생각해 볼게요."
"그래, 생각 잘했다. 혹시……, 한 살 어린 동생들과 공부하는 게 불편하니?"
"아니요. 그렇지는 않아요. 아이들은 저를 형이라고 부르고, 저는 동생들과 잘 지내요."
"그래, 알았다. 불편한 점이 있으면 언제든지 말해라. 알았지?"
"네."

며칠 뒤였다.
"신 선생님, 세린이 상담 좀 해 주세요. 여러 번 이야기를 나누었는데 좀처럼 고집을 꺾지 않네요. 학교를 그만두기에는 참 아까운 아이예요."
"동생들과 공부하는 것이 불편해서 그런가요?"
"본인 말로는 아니라는데요. 애들이 좀 불편해 하기는 해요. 고고한 척한다며 아이들이 은근히 따돌리는 것 같아요. 그래도 아주 심각한 정도는 아닌데……."
"알았어요. 늘 세심하게 아이들 살피시니 상담하는 데 도움이 많이 됩니다."

세린이를 호출하여 상담을 시작했다.

"그래 미국에서의 생활은 어땠어? 1년만에 돌아온 걸 보니 별로였나 보구나?"

"네. 홈스테이 하는 집이 마음에 들지 않았어요."

"그러면 홈스테이를 바꾸지 그랬어? 내가 아는 아이도 홈스테이가 마음에 들지 않아 처음에는 적응을 못하다가 바꾼 뒤로 매우 즐겁게 생활했다는 이야기를 들은 적이 있어."

"네. 그것도 그렇고, 그냥……."

세린이는 더 깊이 이야기하기를 꺼렸다.

"알았다. 그 이야기는 접고, 대학 진로에 대해 생각해 보자. 치과대학을 가는 것이 목표라고?"

"네."

"이유는?"

"네?"

"콕 찍어서 치과대학이라고 목표를 세운 이유가 궁금해서 그래."

"그냥, 예전부터 치과대학을 가고 싶었어요."

"그냥? 특별한 동기는 없어?"

"네."

"의대계통을 가려면 상위 1%라야 하는데, 현재로는 좀 어렵잖니? 진로 목표를 수정할 생각은 없어?"

"네, 치과대학을 꼭 가고 싶어요."

세린이는 특별한 동기도 없는데, 치과대학에 집착하고 있었다. 특별한 동기가 없다는 것은 어버이 자아[1]의 영향을 받아 형성된 목표라는 의미이다. 그러나 보통 아이들은 성숙하면서 목표 달성이 어렵다는 인식에 이르면 자연스럽게 장래 목표를 수정하게 되는데, 집착이 강한 경우에는 목표 수정이 쉽지 않다.

확고한 신념과는 달리 집착에는 의구심, 불안, 초조, 강박 같이 부정적인 감정이 뒤따른다. Y대학교 상담교수는 "내 속에 나는 없고, 부모만 있는 것 같다"며 혼란스러워 하는 대학생들이 상담센터를 많이 찾는다고 한다. 이처럼 진정한 자아 정체를 찾지 못한 채, 무비판적으로 수용된 어버이 자아가 강할 때는 자신의 진정한 욕구나 흥미를 억압하게 된다.

"세린아, 입학사정관제에 대해서 알고 있니?"
"네, 대충은 알지만, 잘은 몰라요."
세린이에게 입학사정관제에 대해 설명하고, 자퇴와 재학 중에 어느 것이 더 목표 달성에 유리할지 생각해 보라고 하였다. 또한 현재 목표가 자신이 진정으로 원하는 것인지도 다시 한 번 진지하게 성찰해 보라고 하였다.
세린이는 갈등하는 것 같았다. 물론 자퇴의 유·불리 판단이 어려워서는 아니었다. 담임을 비롯하여 학교 잔류를 강하게 권유하는 선생님들의 설

---

[1] 에릭 번(Eric Berne)은 인간의 성격을 형성하는 자아를 어버이 자아, 어린이 자아, 어른 자아로 구분하였다. 어버이 자아는 부모나 주변인으로부터 영향을 받아 무비판적으로 수용된 가치관을 지닌 자아, 어린이 자아는 본능적 욕구를 지닌 자아, 어른 자아는 성숙한 의식을 지닌 자아를 의미한다.

득이 예상보다 간곡했기 때문이다.

세린이는 무엇이 답답한지 속 시원히 말을 못하고 계속 고민하는 눈치였다.

"그래, 한번 마음먹은 것을 철회하고 다시 제자리로 돌아가 시작하는 일은 쉽지 않지. 세린아, 며칠 더 여유를 가지고 생각해 보겠니?"

"네, 그럴게요. 선생님, 고맙습니다."

주말을 포함하여 나흘이 지난 후 세린이가 상담실을 다시 찾았다.

"그래, 깊이 생각해 보았니?"

"네. 그런데 아무래도 안 되겠어요……."

"그래? 의외로구나. 네 목표 달성을 위해서는 학교를 다니는 것이 훨씬 유리하다는 것을 잘 알 텐데 말이다."

세린이는 잠시 생각하더니 말했다.

"사실, 동생들하고 공부하는 것이 좀……, 불편해요."

"그러니? 지난번에는 불편하지 않다더니, 사실은 불편했구나?"

"네……."

"그렇지만 특별히 누가 심각하게 괴롭히는 것도 아니잖아. 많이 힘들어?"

세린이는 대답하지 않고 침묵하더니, 잠시 후 입을 뗐다.

"저……, 교무실에 어머니가 와 계세요."

"그래? 음……, 자퇴 수속을 하시려는 모양이구나?"

"네……, 지금 담임선생님하고 말씀을 나누고 계실 거예요."

"그래, 기다렸다가 어머니가 오시면 이야기를 더 하자꾸나."
"네."

커피 한 잔 마실 시간이 지난 후에 어머니가 상담실 문을 두드렸다. 지적인 이미지가 풍기는 미인이었다.
"어머니, 커피나 녹차 뭘 드실래요?"
"고맙습니다만, 지금은 마시고 싶지 않습니다."
어머니의 말투는 정중하고도 단호했다.
자퇴라는 중대 결정이 앞에 놓이면 대개 어머니들은 감정을 숨기지 못한다. 걱정이 가득한 눈을 하거나, 한숨을 쉬거나 혹은 눈물을 훔치거나 심지어 호들갑스럽게 하소연을 하는 어머니도 있다. 그런데 세린이 어머니는 흔들림 없이 고고했다.

"세린이의 자퇴를 가족들이 동의하셨나요?"
"네."
"제 생각에는 학교에서 공부하는 것이 유리할 것 같은데요. 자퇴 상담을 하면서 제가 이번처럼 말리고 싶은 적은 없었어요."
"세린이가 학교 공부를 많이 피곤해 하고, 허리 통증도 있어요. 체력이 달려서 집에서 공부하고 싶어 해요. 또 내신과 수능 공부를 병행하는 것이 자신 없대요. 어쩔 수 없는 것 같아요."
"아버지께서는 어떻게 생각하세요? 못마땅하게 생각하실 것 같은데요."

"뭐, 그렇게 나무라지 않아요."
어머니는 시시콜콜 말하기 싫다는 기색을 내비쳤다.
"그래도, 대개 아이가 자퇴를 할 때는 속도 상하고 걱정이 많으실 텐데요……."
"아니요, 그럴 수도 있는 거라고 생각해요. 저희 그렇게 답답한 부모 아니에요."
"아니요, 그런 뜻이 아니라……."
나는 어머니의 자존심을 건드리는 잘못을 해 놓고는 엉겁결에 아니라고 부인했다. 래포Rapport 형성이 안 된 상태에서 섣불리 감정을 알아주려고 했다가 상처만 준 것이다. 나는 이때까지도 어머니 감정의 기저에 학교에 대한 불신과 교사에 대한 반감이 매우 크게 자리 잡고 있다는 것을 미처 파악하지 못하고 있었다.
"세린이가 치과대학을 고집하고 있는 것에 대해서는 어찌 생각하세요?"
"우리는 강요한 적이 없어요. 지가 그렇게 하고 싶다는 거죠. 그러니 하고 싶은 대로 하게 해야지요. 재수, 삼수 얼마든지 시킬 수 있어요."
옆자리에 앉아 있는 세린이는 일절 군소리 없이 땅만 내려다보고 있었다.

결국, 뜻대로 자퇴하라는 수밖에 별도리가 없었다. 세린이 모자를 보내고 마음이 영 편치 않았다. 이번 상담은 성공적이지 못했다는 생각이 들었을 뿐만 아니라, 왠지 석연치 않은 찜찜한 기분 때문에 불편했다. 그래서 보통 한 달은 지나야 자퇴한 아이가 어떻게 지내는지 전화를 걸어 확인하는데, 세린이의 경우는 일주일도 못 돼서 전화했다. 그때서야 어머니의 진심을 들을 수 있었다. 자신이 학교 다닐 때와 하등 달라진 것이 없는 답답한 학교. 그런 곳에 자신의 아이를 계속 보내고 싶지 않다는 것이었다.

부모들은 자신이 당한 억울한 일을 자녀가 반복해서 당하고 있다고 생각할 때 분개하는 법이다. 사실 체벌은 오랜 기간 교육수단의 하나로 용인되어 왔고, 촌지 또한 의례적인 일로 치부되어 왔다. 지금은 그 같은 구태가 사라지는 추세지만, 완전히 근절된 것은 아니다. 세린이 어머니의 학교 혐오감은 충분히 일리가 있어 보였고, 그 감정은 세린이에게 전이되어 증폭되고 있는 것 같았다. 이럴 때는 세린이 모자의 분노 감정을 수용하여 치료하고, 목표 달성이 가능한 현실적인 진로 계획을 세울 수 있도록 조력할 상담자가 필요하다. 그런데 나는 세린이 모자에게 적합한 상담자가 아니었다. '당신도 교사 아니냐'며 내담자가 불신하는 대상이었기 때문이다.

어머니는 세린이가 자퇴를 하고 무척 평온해졌다고 했다.

학교상담의 기본 원칙

일반 상담자와 달리 상담교사는 내담자와 이중적 관계에 놓이기 때문에 종종 난처한 입장에 처할 수 있다. 이중적 관계란 교사-상담자, 제자-내담자, 학부모-내담자처럼 둘 이상의 역할로 관계가 맺어지는 경우를 말한다.

교사인 상담자는 학교장의 압력을 받을 수도 있고, 학생이나 부모는 상담자를 학교의 대리인이라고 생각할 수도 있다. 이와 같은 상황은 그럴 수도 있겠다는 우려가 아니라, 바람직한 상담을 위해서 실제로 극복해야 하는 현실적인 문제이다.

세린이의 사례처럼 이중적 관계의 사슬을 풀지 못하면 상담이 안개 속을 헤맬 수도 있기 때문이다. 그러므로 학교 상담자는 상담의 기본 원칙을 세워 두어야 한다.

첫째, 학교상담은 학교가 아니라 학생 개인을 돕기 위해 하는 것이다.

어느 집단이나 그렇듯이, 학교 집단도 개인보다 전체의 이익을 우선하는 것이 사실이다. 그래서 부적응 학생들을 잘 적응하도록 돕기보다는 학교에서 퇴출시키려는 시도가 끊이지 않고 있다. 특히 학교 간의 경쟁을 유도하는 교육정책들은 그 같은 시도를 더욱 부채질한다. 많은 학교에서 소위 문제아로 낙인찍힌 학생에게 전학을 권고하거나 자퇴 압력을 행사하고 있는 것이 공공연한 사실이다.

문제아들을 방출하게 되면 그 학교로서는 이익일 수도 있겠으나, 더 큰 집단 즉 사회의 입장에서 보면 노동력의 손실, 범죄의 증가, 사회적 복지 비용의 증가 등 사회 불안 요소를 가중시키는 결과를 낳는다.

상담자는 개인을 돕는 것이 전체를 돕는 것이라는 신념을 가질 필요가 있다.

둘째, 학교상담은 교사와 학생이 나와 너의 대등한 관계, 상호 존중의 관계에서 이루어져야 한다.
플라톤은 '동굴의 비유'를 통해 '교육은 현자가 무지한 자의 머리를 억지로 돌려서라도 밝음을 보게 하는 것'이라고 했다. 그의 주장은 교사로 하여금 '나는 학생보다 더 많이 알고 더 현명해야 한다'는 강박관념의 근거로 작용한다. 유교는 한국의 학교 교사들에게 더욱 큰 영향을 주었다. '군사부일체君師父一體'는 과거에 학교 교사들이 자주 인용하는 문구 중의 하나였다. 왕처럼 권위적인 존재, 부모처럼 고마운 존재라는 관념은 교사와 학생을 차별화된 존재로 부각시킨다. 차별화는 공감적 우호의 관계, 나-너의 친밀 관계 형성을 방해하는 걸림돌이다. 상담자와 내담자 사이에 친밀감이 없다면 상담은 원만하게 이루어질 수가 없다.

셋째, 학교상담은 내담자인 학생이 주도하여 문제 해결을 모색하도록 도와야 한다.
교사는 교수-학습 활동을 주도하는 사람이며, 학생을 통제하고 지도하는 일에 익숙한 직업인이다. 때문에 학생의 행동 양식이나 가치관이 마음에 들지 않을 때 교사는 지시·명령·훈계·처벌 등의 교육수단을 동원하게 마련이다. 그러나 이와 같은 수단들은 약물과 같아서 자주 사용하게 되면 아이들은 차츰 무감각해지고 자존감self-esteem만 낮아지게 된다. 자존감이 낮으면 자기 부정적인 태도를 가지게 되므로 긍정적인 변화가 점점 더 어려워진다. 학교 상담자는 내담자인 학생의 자존감을 북돋아 주어야 하며, 스스로 문제 해결을 할 수 있도록 안내해야 한다. 학생이 "내가 해냈다!"라고 탄성을 지를 수 있도록 도와야 하는 것이다.

결국, 상담의 세 가지 기본 원칙은 '너를 위해, 너를 존중하며, 너의 뜻에 따라' 진행하는 것으로 요약할 수 있다.

자퇴상담
학교를 떠나는
아이들

05 또 다른 길,
홈스쿨링을
선택한 아이

Counseling 5 **상담에도 '긍정의 힘'이 필요하다**

수진이의 눈은 총기로 반짝반짝 빛나고, 입가의 미소는 아주 편안해 보였다.
"쉬운 선택이 아닌데, 가족 모두의 뜻이 그렇다니 잘 되리라 믿습니다. 틀림없이 훌륭한 인재로 성장할 거예요."
수진이 엄마도 환하게 웃었다.
"그렇게 말씀해 주시니 정말 고맙습니다, 선생님."

수진이가 자퇴 수속을 마치고 돌아가는데, 어느 선생님이 뒤통수에다 한마디를 붙인다.
"부모가 바보 아니야? 종교에 미쳐서 학교를 포기해? 저런, 쯧쯧."
학교가 모든 학생들을 바람직하게 성장시킬 수 있는 것은 아니다. 그럼에도 지레 종교 탓일 거라고 간주하고 뒷말을 하는 이 선생님의 모습에서 배타적이고 경직된 학교의 모습을 본다.

수진이가 자퇴원을 제출한 이유는 가정이나 학교생활에 문제가 있어서가 아니었다. 수진이는 교우관계가 원만하고, 성적도 나쁘지 않으며, 운동도 잘하는 건강하고 매력적인 아이다. 앞서 어느 선생님이 말한 것처럼 종교에 미쳐서 그런 것도 아니었다. 수진이 가족이 선택한 것은 홈스쿨링 프로그램인데, 종교와 연관성이 있다면 어느 교회가 주도적으로 지원한다는 것뿐이다.
수진이네는 의사소통이 원활하고 서로의 의견을 존중하는 화목한 가정이다. 수진이가 홈스쿨링을 선택하게 된 것도 가족 모두의 합의에 의한 것이다.
H고등학교 3학년에 재학 중인 형 어진이는 특출하지는 않아도 무난하게 학교를 다니고 있다. 머잖아 졸업할 것이고 서울에 있는 상위권 대학을 지망할 정도의 실력도 있다. 그러나 학교교육에 대한 만족도는 높지 않은 상태였다. 3년 동안을 돌이켜 보면 특별히 남는 기억이 없다. 입시 위주의 교과수업, 방과후 보충수업, 밤 10시까지 이어지는 야간자습. 무미건조한 3년 동안의 일과를 다시 처음부터 반복하라고 한다면 아마 돌아 버릴 거라는 생각도 들었다. 이 같은 어진이의 느낌과 생각은 수진이가 홈스쿨링을 선택하는 데 큰 영향을 끼쳤다.

수진이 어머니는 홈스쿨링을 선택한 동기에 대해서 교양 있게 말했다.

"학교교육에 대해 특별한 불만이 있거나, 우리 수진이가 적응을 못하거나 해서는 아니에요. 학교 선생님들께서 불철주야 열심히 지도하고 있고 애쓰시는 거 잘 알아요. 큰아들 어진이도 학교 잘 다녔고 대학도 무난히 갈 것 같아요. 수진이도 학교를 계속 다닌다면 아마 형처럼 무난하게 졸업하고 대학을 갈 거라고 생각해요. 다만, 수진이는 다른 선택을 할 수 있는 기회가 생겼는데, 괜찮겠다는 판단을 한 거죠."
흔들림 없는 눈빛과 담담한 미소는 수진이 모자의 공통된 표정이었다.
"학교가 절대적인 기준이 될 수는 없지요. 학교를 떠나는 것도 인생의 여러 과정에서 내릴 수 있는, 하나의 선택인 것이고요. 가족 전체의 합의와 뚜렷한 소신을 바탕으로 신중한 선택을 하셨으니 믿는 대로 잘 될 것입니다."
어머니는 고개를 끄덕였다.
"사실, 자퇴 처리 과정에서 잠시 괴로웠어요. 담임선생님과 교감 선생님이 자퇴를 만류하실 때 부정적인 느낌을 많이 받았거든요."
아마도, 학교를 그만두면 십중팔구 실패하기 쉬우니 잘 생각하라는 충고를 들었으리라.
"부정적이라……, 대충 짐작이 갑니다. 하지만, 모두 수진이가 잘 되기를 바라는 마음에서 우러난 말씀이었을 거예요."
"네, 그렇겠지요. 모두 저희 아이를 위해서 하시는 말씀이라는 거 알아요."
어머니는 정중하게 인사하며 말했다.
"긍정적인 태도로 믿음을 주시니 정말 고맙습니다. 큰 힘이 되었습니다. 감사합니다."

수진이가 자퇴한 지 80일이 되었을 때, 어머니에게 전화하였다.
"어머! 선생님, 반갑습니다."
"네, 수진이가 어떻게 지내는지 궁금해서요."
"네, 지금 새로운 생활에 잘 적응하고 있어요."
"아, 그래요. 다행이네요. 솔직히 좀 걱정했어요."
"자퇴 초기에는 학교와 친구들을 그리워하면서 잠시 힘들어 하기도 했어요."
"그랬겠지요. 학교가 싫어서 떠난 것도 아니고, 학급 친구들과도 잘 지내던 아이니까요."
수진이 부모는 서울과 지방을 번갈아 오가며 아이들을 돌보고 있단다. 큰아들 어진이는 서울 집에서 학교를 다니고, 둘째 아들 수진이는 경기도 시화 근처에서 자취를 하기 때문이다.
"엄마 아빠가 고생이시군요."
"네, 좀 힘들기는 해도 보람이 있으니까요. 주변 분들이 많이 도와주어서 새삼 인정을 느끼게 되었고, 감사한 마음도 더욱 커졌어요."
"엄마 아빠의 정성이 대단하시니 두 아들이 그렇게 반듯하게 크나 봅니다."
"과찬이세요. 아무튼 고맙습니다. 마침 시화로 내려가려던 중이에요. 밑반찬 몇 가지 싸가지고요, 지금 막 차 시동을 걸었어요. 수진이에게 선생님 전화 왔었다고 안부 전할게요."

부르릉~, 서해안 고속도로를 달려가는 빨간 마티즈처럼 명랑한 오후였다.

상담에도 '긍정의 힘'이 필요하다

상담에서는 아이가 가지고 있는 긍정적인 면에 초점을 두어야 한다. 부정적인 면을 보고 교정하려 들기보다는 아이의 강점이 무엇인지를 찾아내어 그것을 강화시키려고 노력해야 한다. 이것은 성공적인 상담의 매우 중요한 포인트다. 교사가 보기에 문제행동으로 보여도 가급적 지적을 삼가는 것이 상담을 성공으로 이끈다.

우리나라 아이들의 대다수는 부모와의 대화가 턱없이 부족하고, 교사와의 상담 시간도 극히 제한적이다. 단절된 관계에서 오는 소외감과 무능력한 느낌이 다수 아이들을 지배하고 있다. 많은 아이들이 공부가 인생의 전부처럼 여겨지는 세상에서 항상 포기하고 싶은 충동을 느끼며 산다. 부모의 잔소리, 간섭과 통제는 아이들이 부모에게 실망하는 가장 큰 요인이다. 스트레스 탄력성이 낮은 아이는 부모의 잔소리만으로도 온종일 우울하다. 늘 공부 잘하는 아이들과 비교 당하고, 그로 인하여 자존감이 바닥에 떨어져 있다.

잘한 것은 당연하고, 못한 것은 꼭 집고 넘어가야 직성이 풀리는 어른들은 칭찬과 인정에 너무나 야박하다. 부모나 교사나 모두 마찬가지다. 숙제를 안 하면 야단을 치지만, 숙제한 것을 가지고 칭찬하는 부모나 교사는 별로 없다. 아이들은 칭찬에 굶주려 있다. 그렇다고 칭찬을 남발하는 것은 곤란하다. 아이가 인정받고 싶어 하는 면을 파악하여 칭찬해야 한다.

가장 좋은 칭찬은 아이 자신도 잘 모르는 긍정적인 면을 어른이 발견하여 인정해 주는 일이다. 예를 들면, 가출을 시도한 아이에게,

"답답한 상황을 어떻게든 돌파해 보려는 삶의 에너지가 풍부하구나"
라고 긍정적인 시각에서 말해 줄 수 있다. 칭찬을 전혀 기대하지 않았던 아이는 깜짝 놀란다. 놀라움은 이내 흐뭇함으로 변하고, 이런 감정은 상담의 촉진제로 작용한다.
"나약하고 회피적이며 충동적이구나!"
부정적인 시각에서 말하면 아이들은 자라처럼 움츠린 채 마음을 열지 않는다. 그런 식으로 말하는 사람들과는 친해진들 비난과 훈계만 더 들을 게 분명하기 때문이다. 부정적인 경험을 자주 하면 무감각해지는 것이 아니라, 오히려 더 예민해진다. 치과에 자주 갈수록 점점 더 치과를 무서워하게 되는 것처럼. 그래서 잔소리를 자주 듣고 자란 아이들은 한두 마디 나무라는 소리만 들어도 신경질적인 반응을 보인다. 물론 이러한 반응도 역치가 있다. 너무 예민해지면 스스로 견딜 수가 없기 때문에 나중에는 반응을 아예 회피하게 된다. 잔소리에 질린 아이들은 '댁은 말하시오. 난 관심 없소' 하고 들은 척도 안 한다.

긍정의 눈으로 보면, 문제행동은 있어도 진정한 문제아는 없다는 것을 알게 된다. 아이의 문제행동을 줄이거나 없애기 위해서는 닫힌 마음의 문부터 열어야 한다. 마음을 열고 나면 상담은 저절로 진행된다. 아이들은 자신의 문제점이 무엇인지 알고 있는 경우가 많다. 다만 그것을 고칠 생각이 없고 노력할 엄두를 내지 못할 뿐이다.

자퇴상담
학교를 떠나는
아이들

06 학교의
강제 규정에
상처 입은 아이

Counseling 6 교육 서비스와 교육 책임

"신 선생님, 이 학생 김두식……, 상담 좀 부탁드립니다."
땀도 나지 않은 이마를 손등으로 훔치는 황 선생은 17년 경력의 베테랑 교사다. 헌데, 그날은 마치 저지레를 한 아이 같은 표정을 짓고 있었다.
두식이와 테이블 앞에 마주 앉았다. 눈을 내리깔고 씩씩대는 걸 보니 여간 분통이 터지지 않는 모양이다. 정수리 부위 머리털이 한라산 분화구처럼 푹 파여 두피가 보일 정도로 휑하다.
"저런! 가위질을 당한 모양이구나! 쯧쯧……."
두식이는 분을 삭이지 못한 채 말했다.
"저, 자퇴할 거예요! 이런 법이 어디 있어요!"
"몹시 억울한 모양이구나. 자초지종을 말해 보렴."
"글쎄, 황 선생님이 너 자퇴 할래 아니면 머리 잘릴래 이러시는 거예요!"
"설마, 무턱대고 그러실 리가…… 무슨 잘못을 했니?"

"담배 때문에……."
"으흠, 흡연하다가 걸려서 머리 잘리는 쪽을 선택했단 말이지?"
자퇴하라는 으름장에 당황하여 삭발지도를 선택한 두식이. 정작 뭉텅 잘려 나간 머리털을 보고는 울컥 복받치는 설움에 기어이 눈물을 펑펑 쏟았다. 남의 몸에 손대는 것은 자연법을 어긴 것이라느니, 교칙은 선생님들 멋대로 만든 것이지 우리가 만든 것이 아니라느니, 자퇴할 테니 내 몸에 손대지 말라느니 하면서 교무실에서 한바탕 소란을 피운 모양이다. COUNSELING 6
그렇지 않아도 두발 규제가 인권 침해라는 국가인권위원회의 판정이 매스컴을 한창 달구고 있던 터. 두식이 부모도 교내봉사든 사회봉사든 교칙대로 처벌하면 될 일이지 아이 머리카락을 왜 함부로 잘라 대느냐고 전화로 볼멘소리를 한 것 같았다. 황 선생 나름대로는 아이를 생각해서 내린 가벼운 처벌 조처였다. 징계위원회를 소집하여 정식으로 처벌을 하면 학생의 이력에도 흔적이 남으니까 말이다. 게다가 삭발 조치는 장발과 흡연을 동시에 지도하는 셈이니, 좋은 일이라는 게 황 선생의 생각이었다.
두식이 어머니와 통화했다.
"우리 애는요, 외모 콤플렉스가 있어요. 선생님도 보시다시피 걔 얼굴이 말처럼 길잖아요. 그래서 늘 부모 원망하며 앞머리를 길러 이마를 가리고 다니는 아이인데……. 저 꼴을 보니 에이 참, 속상해 죽겠어요."
전화를 끊고 나서 두식이와 다시 상담하였다. 두식이의 생각과 감정을 수용하고, 진심으로 처지를 공감하며, 무너진 자존감을 회복하는 데 중점을 둔 상담이었다. 몇 차례에 걸친 상담을 통해 두식이는 차츰 안정을 되찾았다.

그럭저럭 1학년을 마치고 진급한 이듬해, 또 두발 때문에 문제가 불거졌다. 작년과 똑같이 머리를 잘린 것이다. 녹화된 비디오테이프를 다시 보는 듯했다.
"선생님, 저 대안학교로 전학 갈래요! 더 이상 못 참겠어요!"
"그래, 자리에 앉아서 찬찬히 생각해 보자꾸나."
"싫어요! 무조건 갈 거예요."
"두식아, 전학을 가는 것도 다 절차가 있는 거야. 욱하는 성질로 모든 일이 해결되는 것은 아니잖아."
한 시간 남짓 상담했다. 작년의 상황과 다른 점은 지금 담임과는 종종 트러블이 있다는 것이었다. 또한 부모는 두식이를 제어할 만큼 에너지가 강하지 못했다. 어머니는 신병으로 자주 앓는 상태였으며, 아버지는 가정을 제대로 돌보지 못하는 것 같았다. 게다가 학교 생활지도 방식에 대한 불만이 누적된 상태였다. 두식이는 움푹 파인 자기 머리를 사진으로 찍어 두었다고 말했다.
"흉한 모습을 뭐하려고 찍었어?"
"······."
"왜? 인터넷에라도 올리려고?"
두식이는 긍정도 부정도 하지 않고 묵묵히 바닥만 내려다보았다.
"그래, 네 마음 가는 대로 해야지, 나도 속상할 때는 그런 생각을 해."
두식이 표정이 조금 누그러진다.
"두식아, 너는 부당한 것을 못 참는 의리파지만, 앙갚음을 할 만큼 모진 아이는 못 돼."
감정이 더욱 누그러진 두 눈이 그렇다고 말한다.
"대안학교 알아본 데는 있어?"
"네, S학교요."
"그래? 그 학교 지금은 빈자리가 없는 걸로 아는데?"
"일단 자퇴하고 기다릴 거예요."
"대안학교도 진로 선택의 한 길이지. 그래, 네 뜻대로 학교를 그만둔다고 해도 잊지 말아야 할 것이 있다. 두식아."
자기 뜻이 받아들여진다고 느끼면, 대개 아이들은 자세를 고쳐 앉는다.
"어디에서 무슨 일을 하든지 자기를 사랑하고 존중하는 것은 삶의 의무란다."
"네……."
"그래, 믿음이 간다. 평소 수업시간에 너는 그렇지 못했지만, 지금 이 자리에서 상담하는 동안 너는 너무나 진지했어. 너는 반드시 성공할 거야."
두식이의 눈이 결연한 의지로 빛나는 듯하다. 칭찬 한번 제대로 받아 보지 못한 아이들은 진심 어린 칭찬을 들을 때 이를 마음에 깊이 새긴다.
결국 두식이는 서울 강서구에 있는 S대안학교로 떠나갔다. 안타까움이 앞서는 일이지만, 한편으로는 그래 잘한 일이다 싶었다. 적응이 안 될 때는 자신이 처한 환경을 과감하게 바꿀 필요도 있고, 실행하는 용기도 필요하다.

두식이가 떠난 지 1년, 상담 노트를 꺼내 보다가 두식이 집으로 전화했더니 어머니가 받았다.
"여보세요~."
"두식이가 우리 학교를 떠난 지가 오래되었는데, 그쪽 학교는 잘 다니고 있는지, 몸은 건강한지 궁금해서 전화 드렸습니다."
"아……! 변변찮은 아이를 기억해 주시다니요. 정말이지 고맙습니다."
어머니는 두식이가 아르바이트를 하고 있으며, 공부는 여전히 대충대충 하고 있어서 걱정이라고 말했다.
"어머니, 두식이가 공부보다는 비즈니스로 성공할 겁니다. 열정과 에너지가 넘치는 아이잖아요. 그 밖에도 좋은 점이 많은 학생인 걸요."
내 말에 용기가 솟는 듯 두식이 어머니의 목소리에 문득 생기가 돌았다.
"그렇죠? 선생님! 초등학교 4학년 때 담임선생님도 두식이가 리더십이 있다고 칭찬한 적 있어요. 정말 그런가 봐요!"
오늘 저녁에는 두식이가 좋아하는 오징어볶음을 해야겠다는 어머니. 누군가 아들을 기억하고 있으며, 성원하고 있다는 사실이 없던 힘도 솟게 하나 보다.
저녁에 아르바이트를 마치고 돌아온 두식이가 밝은 목소리로 안부 전화를 했다.
"선생님! 고맙습니다! 저요, 잘 지내고 있어요. 꼭 학교로 찾아뵐게요. 건강하세요, 선생님!"
아무렴, 힘내! 잘 될 거야, 그렇고말고. 앞으로도 쭉 너를 기억할게.

교육 서비스와 교육 책임

학생이나 부모는 학교가 친절한 교육 서비스 기관이기를 기대한다. 자상하고 친절한 선생님이 보살피는 곳, 열심히 공부할 수 있는 곳, 마음껏 뛰어놀 수 있는 곳, 행복한 배움이 있는 곳.

그런데 학교는 과연 서비스 기관일까? 서비스 기관이라면 고객을 위한 행동강령이 우선적으로 있어야 할 테지만, 학교에는 그런 강령이 없다. 교사로서 품위를 잃지 말고 체벌을 삼가라는 정도의 지침만이 있을 뿐이다.

반면 학생들이 지켜야 할 행동강령은 흔히 교칙이라고 일컬어지는 '학교생활규정'에 조목조목 적시되어 있다. 학교생활규정은 학교운영위원회의 승인을 거쳐 효력이 발생하는데, 교육청의 지침에 근거하여 규정이 만들어지므로 학교마다 크게 다르지 않다. 학교생활규정은 총칙, 일반생활규정, 교내생활규정, 학생포상규정, 학생선도규정, 용의복장규정, 학생회회칙 등으로 구성되는데, 전체 내용 중에서 학생선도규정과 용의복장규정이 차지하는 비중이 가장 크다. 다음은 일반 남자고등학교 학교생활규정의 일례를 발췌한 것이다.

징계 기준

행 위	징 계			
	학교내 봉사	사회 봉사	특별교육 이수	퇴학 처분
용의가 단정하지 못한 자	O			
교사에게 불경한 언행을 한 자	O	O	O	O
교사의 정당한 지도에 불응한 자	O	O	O	O
기타 학생으로 부적절한 행동을 한 자	O	O	O	O
수업을 거부한 자	O	O	O	O
무단 결과, 무단 조퇴, 무단 지각, 무단 결석을 3일 이상 한 자	O			
무단 결과, 무단 조퇴, 무단 지각, 무단 결석을 7일 이상 14일 이내 한 자	O	O		
무단 결과, 무단 조퇴, 무단 지각, 무단 결석을 15일 이상 한 자			O	O
무단 가출하여 사회적 물의를 일으킨 자			O	O
흡연 또는 음주를 한 자	O	O	O	O
불건전한 이성교제 등으로 풍기를 문란하게 한 자	O	O	O	O
학교장의 허가 없이 대외행사에 출품·출연 또는 참가하여 학교 명예를 훼손한 자	O	O	O	O
오토바이를 운행한 자	O	O		

용의복장규정

- 교복의 착용
  - 하복 착용 시 흰색 속옷을 반드시 착용한다.
  - 바지 착용 시 단정한 형태의 허리띠를 착용한다.
- 두발
  - 앞머리는 자연스럽게 내린 상태에서 7cm를 넘지 않는다.
  - 옆머리는 귀가 나오는 것을 원칙으로 한다.
  - 뒷머리는 끝 부분이 셔츠에 닿지 않도록 한다.
  - 무스와 젤의 사용을 금지한다.
  - 개인적인 이유로 학교장의 허가를 받은 경우를 제외하고, 두발의 염색·파마 등을 불허한다.
  - 특정한 이유 없이 모자나 가발을 착용하는 것을 금지한다.

어른들은 학교가 학생들의 두발·복장을 규제하지 않으면 안 된다고 이구동성으로 외친다.

"규제하지 않으면 풍기가 문란해지고 생활지도가 더욱 어려워질 테니까요."

얼마 전, 기사에서 이슬람의 한 여인이 청바지를 입었다는 이유로 재판에 회부되었다는 기사를 보면서 씁쓸하게 웃은 적이 있다. 용의복장 문제에 관한 한은 우리네 학교 역시 별 다를 게 없지 싶다.

자퇴상담
학교를 떠나는
아이들

07 독불장군
  아버지에 대한
  불만으로
  가출한 아이

Counseling 7 **자아 분화** Differentiation of Self

금연 캠프를 떠나는 날이었다. 인솔교사 G선생님이 대절 버스에 승차한 아이들을 헤아렸다.

"29명? 한 명 부족한데? 누가 없는 거야?"

"임강호요, 화장실 간다고 나갔는데요."

2학년 문과의 어느 학생이 말했다.

"짜아식, 아까는 뭘 하다가 이제 간 거야."

버스는 시동을 건 채 강호를 기다렸다.

금연 캠프는 흡연 경력이 있는 학생들과 선생님들이 1박 2일 동안 함께 하는 프로그램으로 생활지도 면에서 중요한 행사이다. 사제동행으로 산행을 가서 삼겹살을 구워 가며 밥도 해 먹고, 숙소에 도착하면 춤과 노래 경연, 촛불 명상도 한다. 나도 이 프로그램에 참가하여 아이들과 사이코드라마를 한 적이 있다. 금연 캠프 출발을 달가워하지 않던 아이들도 돌아올 때는 아주 뿌듯해 한다. 학교의 구박 덩어리가 아닌 어엿한 청년으로 대우 받았기 때문이리라.

화장실에 갔다는 강호는 10분이 넘도록 감감무소식이었다.
"설마……? 얘들아, 강호 전화번호 아는 사람 있으면 전화 좀 해 봐라."
"걔, 핸드폰 원래 없어요."
G선생님은 학생 둘을 화장실로 보냈다.
"선생님, 화장실에 아무도 없는데요?"
"진짜야? 아무 데도 없어?"
10분을 더 기다렸으나 강호는 그림자도 비치지 않았다. 별 수 없었다. 인솔 교사 팀은 학교에 상황 보고를 한 후, 버스를 출발시켰다.

강호가 캠프에 참여하지 않았다는 소식이 어머니에게 전해졌다.
"내 이놈 자식을! 들어오기만 해 봐라."
뒤가 찜찜했던 강호는 온종일 연락이 없다가 밤 11시나 되어서야 집으로 전화했다. 속을 끓이던 어머니는 역정을 냈다.
"이놈 자식아! 속 좀 그만 터뜨려라. 아버지가 알면 널 그냥 둘 성싶으냐? 으이그!"
"엄마가 아버지한테 말 안 하면 되잖아!"
"인석아, 속이는 것도 한두 번이지, 이번엔 안 돼! 혼 좀 나야 돼."
금연 캠프가 방학 중의 행사라 참여하지 않아도 적당히 넘어갈 줄 알았던 강호는 자신의 예상이 빗나가자 맥이 빠졌다. 다혈질인 아버지에게는 변명이 잘 통하지 않는다.
'집에 들어가? 말아? 그래……, 소나기는 일단 피하고 보자.'
고민 끝에 강호는 이미 중학교 때 써 본 경험이 있는 가출 카드를 꺼내기로 했다.

다음 날 강호 어머니와 상담하게 되었다. 어머니는 아들의 일탈 문제를 아버지 탓으로 돌렸다.
"애 아빠는 독불장군이에요. 욱하는 성질이라 말로 해도 될 일에 손부터 올라가요."
강호 어머니는 남편의 권력적이고 독단적인 성격에 대해서 이런저런 예를 들어가며 푸념했다. 중3 때 무단 결석했다고 아들을 골프채로 때린 적이 있고, 흡연 문제로 학교 호출을 받았을 때는 담배가게 아저씨와 대판 싸우기도 했단다. 또 강호가 빌려 탄 적이 있는 남의 오토바이를 박살 내겠다고 펄펄 뛰는 통에 말리느라 애를 먹은 적도 있는데, 그 때문에 당시에 강호가 가출을 했었단다.
"가출까지 할 줄은 몰랐던 모양이에요. 애 아빠가 좀 반성을 하는 것 같았어요."
"강호 아버님께서 반성을 하셨다고요? 어떻게요?"
"자기가 너무 무심했다며 애를 데리고 여행을 갔다 왔어요."
"와, 그래요? 아빠와 아들의 여행이라, 참 의미 깊은 일이었겠어요."

강호 어머니는 쓴웃음을 지으며 말했다.

"여행을 다녀와서는 나 같은 아버지가 어디 흔한 줄 아느냐며 공치사를 해 대는 통에 말짱 황이었어요. 늘 그런 식이에요. 화를 내고는 후회하고 미안하다고 빌고……, 변덕이 죽 끓듯해요."

강호 어머니는 남편이 쓸데없는 짓을 했다고 믿는 것 같았다.

"그래도, 무작정 손부터 올라가는 것보다야 백번 잘한 일이죠. 잘한 일이라고 아버님을 추켜세워 주셨으면 공치사를 할 필요가 없지 않았겠어요?"

"애 아빠는 아이 용돈도 자기가 주겠대요. 저 보고 참견하지 말래요."

"아빠도 강호의 관심을 받고 싶으신 모양이네요."

"용돈 가지고 생색을 내고 싶은 거죠. 자기 말 들으라고……."

어머니는 잠시 생각하더니 말했다.

"애 아빠가 우울증에 걸려 한동안 치료 받은 적도 있어요."

"아……, 어떤 치료를 했나요?"

"S병원에서 약물 치료를 받았고요, 가족 상담 치료도 함께 받았어요. 그래도 크게 달라진 게 없어요."

"그렇군요. 어머니께서 생각하는 기대치에 못 미쳤군요. 그러나 제가 볼 때는 가족 상담 치료를 받은 효과가 있는 것 같습니다. 아들을 데리고 여행을 간다는 생각은 아마도 그때 상담을 통해 학습한 게 아닌가 싶네요."

강호 어머니는 시부모님에 대한 이야기도 했다. 시아버님은 출가하여 산에서 수행 중이고, 시어머니도 혼자 살고 계신다는 것이다. 아마도 남편 우울증의 원인을 부모 탓이라 여기고 싶은 모양이었다.

아버지에 대한 부정적인 이야기를 계속 들어주는 것은 도움이 되지 않을 것이어서 화제를 돌렸다.

"어머니, 강호의 가출 문제를 어떻게 하실 작정이에요? 종종 그래 왔듯이 아버님에게 쉬쉬 덮어 두고 넘어갈 문제가 아닌 것 같네요."

어머니는 놀라는 표정을 지으며 말했다.

"어머! 선생님께서 그걸 어떻게 아세요?"

어머니의 말은 아들을 보호하느라 남편 몰래 전전긍긍했던 일들을 선생님이 어찌 알고 있느냐는 뜻이었다.

아버지(남편)가 독불장군인 가정에서는 모자가 연합하여 아버지(남편)를 견제하게 마련이다. 한편 아버지는 아들이 문제를 일으킬 경우 자녀뿐만 아니라 아내까지 싸잡아 비난한다. 이런 일이 반복되면 자연히 아들이 문제를 일으켜도 남편에게는 으레 비밀로 하게 되는 것이다. 아들은 문제를 일으킬수록 엄마가 관심을 가져주므로 모자 사이의 유대관계가 공고해지는 것으로 착각하는데, 무단 결석·흡연·오토바이·가출 등의 공통점을 가진 소위 문제아들의 가족 역학 구조는 대개 이와 비슷하다.

"남들도 다 그런 걸요. 어머니께서는 아들의 문제가 아버님 탓이라고 푸념하시는데, 강호 아버님께서는 어머니 탓이라고 그러지 않으세요?"

"맞아요."

"누구의 탓이라고 책망하는 것은 문제 해결에 도움이 되지 않아요. 내 탓이라고 자책하는 것도 마찬가지구요. 강호는 이제 어린아이가 아니지요. 자신이 선택하고 자신이 결정할 수 있는 권리를 주셔야 합니다."
"글쎄요. 저도 그러고는 싶지만, 애가 정신을 못 차리고 방황하는 꼴을 그냥 두고 볼 수가 없어서요."
"권리를 주는 것과 네 맘대로 하라고 방임하는 것은 전혀 다릅니다."
어머니에게 자아 분화의 개념에 대해 설명하고, 강호의 의사결정권을 최대한 보장해 주어야 한다고 말했다. COUNSELING 7

어머니가 상담실을 다녀간 지 일주일이 되도록 강호는 집에 돌아오지 않았다. 그동안 어머니는 강호의 친구들과 수시로 연락하여 집으로 돌아오라는 메시지를 전했다고 한다. 아들과 함께 갔던 찜질방, 노래방에도 가 보았고, 강호 담임선생님의 권유로 파출소에 가출 신고까지 했단다. 어머니가 식사도 제대로 못하고 많이 지친 것 같아서 위로했다.
"어머니 너무 힘들어 마세요. 가출도 에너지가 넘쳐서 하는 거예요. 자포자기할 아이가 아니니 염려마세요."
어머니가 백방으로 수소문하고 있다는 소식을 들은 강호는 가출 12일째 드디어 집으로 연락했다. 어머니는 아들에게 원하는 것은 무엇이든 들어주겠으니 집으로 들어오라고 했다. 강호는 어머니에게 두 가지를 요청했단다. 학교를 자퇴하고 검정고시를 보겠다는 것과 운동을 배울 수 있도록 체육학원에 보내 달라는 것이었다. 강호의 요청을 일단 승낙한 어머니는 이튿날 강호를 데리고 상담실을 찾았다.

"강호의 요구를 들어주자니 너무 힘이 드네요. 학교를 그만두게 하면 아예 망가지게 될 것 같아요."

어머니의 말은 일리가 있었다. 강호는 자퇴를 염두에 두고 구체적인 계획을 세운 적이 없었다. 금연 캠프를 불참하고 곧장 가출했다가 자퇴라는 마지막 카드를 꺼냈지만 그 다음이 없는 것이다.

"강호야, 손바닥 뒤집듯이 모든 일이 다 네 마음대로 된다면 얼마나 좋겠니. 나는 네가 그동안 얼마나 힘들었는지 어느 정도 짐작할 수는 있다. 그런데 이제 너는 청년이야. 타협을 할 줄도 알아야 하지 않겠니?"

"그냥 말해서는 어른들이 제 의견을 들어주지 않아요. 선생님들도 마찬가지예요. 가출했다고 나무라면서 학교에서 잘리지 않은 것만도 다행으로 알래요."

"옛날에나 강제 퇴학을 시켰지 지금은 그렇지 않아."

"……"

"너는 운동을 하고 싶다고 했지?"

"네, 유도를 계속 하고 싶어요."

강호는 초등학교 때 유도를 배웠다고 했다.

"그래, 대학은 갈 거야?"

"네, 운동 특기로 갈 수도 있잖아요."

"그럼, 검정고시학원과 체육학원을 동시에 다닐 거야?"

"……"

선뜻 대답하지 못하는 것을 보니, 검정고시학원에 대한 고려는 깊이 해 보지 않은 것 같았다.

"강호야, 나는 네가 학교를 계속 다니면서 정규수업을 마치고 체육학원에 가는 것이 좋을 것 같은데 네 생각은 어떠니? 보충수업이나 야간자습은 빠질 수 있도록 내가 네 담임선생님께 말씀 드려 볼게."

어머니가 옆에서 거들었다.

"그래, 그게 좋겠다."

"……."

마침 달력을 보니 곧 추석 연휴였다.

"강호야, 지금 결정이 어려우면 일주일의 여유를 줄게. 마침 추석 연휴니까 학교에 등교하지 않아도 되고……, 어때?"

일주일의 말미를 얻은 강호와 어머니는 결정을 유보한 채 집으로 돌아갔다. 추석이 끝난 뒤 다시 학교를 찾은 강호와 어머니는 여전히 결론을 내리지 못한 상태였다. 검정고시를 볼 거면 마음대로 하되, 집에서는 한 푼의 돈도 내놓지 않겠다고 선언한 아버지 때문이었다. 나는 한 걸음 더 양보한 중재안을 제시했다.

"강호야, 3주만 내 말대로 하는 게 어떨까? 지난번에 말한 대로 정규수업만 하고 오후에는 체육학원을 가는 거야. 그렇게 해 보고도 정 안 되겠다면, 내가 아버님을 만나 너의 입장을 잘 말씀 드려 볼게."

강호가 선뜻 대답하지 못하고 머뭇거리자, 어머니가 자리에서 일어서더니 강호의 손목을 잡아끌었다.

"선생님 말씀대로 하자. 이제 일어서! 체육학원에 등록하러 가자."
강호는 어머니에게 손목을 잡혀 마지못해 일어섰다. 이튿날 강호가 등교했고, 보충수업과 자율학습을 빼 주기로 했다는 담임선생님의 전갈을 받았다. 그후 약속한 3주가 지났는데도 강호는 상담실에 오지 않았다. 어머니도 연락이 없었다. 학생 이동 상황이 발생하면 학적 담당 교사가 즉시 내게 연락을 하게 되어 있으므로, 강호에 관한 무소식은 희소식이나 다름없었다.

겨울방학이 지나고 3월 학부모 총회가 있던 날, 강호 어머니가 와인 한 병을 들고 상담실을 방문했다. 얼굴이 무척이나 환했다.
"강호 어머니, 연락도 없이 어인 일이세요?"
"학부모 총회에 참석했다가요. 선생님께 인사드리려고 들렀지요."
강호 어머니는 금년부터 어머니회 활동을 하기로 했단다. 강호는 체대입시를 준비하며 열심히 공부하고 있단다.
"요즘 같아서는 하루하루가 정말 살맛이 나요. 다 선생님 덕분이에요."
선생님 덕분이라는 인사는 낯간지러웠다. 실제로 상담을 한 시간도 많지 않거니와, 긍정적인 변화는 강호네 가족 스스로 해냈기 때문이다.

이듬해 3학년 2학기에 어머니로부터 기쁜 소식을 들었다. 강호가 유도학과로 유명한 경기도 Y대학에 수시 합격했다는 것이다. 거짓말 같은 일이었다. "경찰이 되겠다니 꼭 그렇게 되라고 전해 주세요. 하하."

자아 분화 Differentiation of Self

"말 잘 듣던 아이가 왜 비딱해지는지 모르겠어요."

사춘기 자녀 문제로 학교를 찾은 부모가 이와 같은 고민을 호소했을 때, 심리적 이유기나 질풍노도의 반항기라서 그럴 거라는 설명만으로는 구체적인 행동목표를 제시할 수 없다. 오히려 이와 같은 설명이 부모로 하여금 폭풍이 가라앉을 때까지 기다릴 수밖에 없다는 소극적인 태도나 체념적인 자세를 갖게 할 수도 있다.

이런 경우에는 부모에게 '자아 분화'에 대한 개념을 설명하고 이해시킬 필요가 있다.

「자아 분화는 결속togetherness, 융합fusion, 집착stuck 등에 상대되는 개념으로, '가족의 정서적 융합으로부터 개인이 자유로워지는 과정'이라고 할 수 있다. 부모와의 정서적 융합이 강하여 자아 분화의 수준이 낮은 사람은 자기 의견이나 주장이 약하고, 의존적이며, 이성의 발달 수준이 낮다. 자아 분화 수준이 높은 사람은 어릴 때부터 부모에게 독립적 인격체로 인정받아 자아가 분리된 상태이다. 자신의 가치관과 신념이 뚜렷하면서 타인의 관점에도 귀를 기울일 줄 알며, 다른 사람의 비난이나 칭찬에 큰 영향을 받지 않고 만성적인 불안 수준이 낮다.」

《가족치료 이론과 기법》(송정아·최규련, 도서출판 하우, 2002)

"말 잘 듣던 아이가 자기주장이 강해지고 부모에게 저항하는 것은 건강하게 성장하고 있다는 증거입니다. 에너지가 약하여 부모에게 구속 당한 채 무기력한 아이가 되기를 바라십니까?"

학부모는 이와 같은 상담자의 말에서 위안을 얻는다. 불안감은 문제 해결을 방해하는 요소이므로, 불안감을 낮추는 일은 상담의 과정에서 매우 중요하다. 마음의 안정을 찾을수록 부모는 문제 해결에 보다 적극성을 띠게 된다.

"어떻게 하면 좋을까요?"

이때 자녀의 의견을 존중하고, 자발적 선택권을 최대한 허용하며, 훈계나 강요 대신 경청과 대화를 하라고 주문하는 것이 바람직하다. 아이는 부모의 소유물이 아니고 대리만족의 대상이 아니란 점도 분명히 하는 게 좋다.

"미국 LPGA 골프 대회에서 우승한 딸을 얼싸안고 당사자인 딸보다 더 요란하게 기뻐하는 아버지의 모습을 보면 어떤 생각이 드십니까?"

"부러워요."

"그래요? 무엇이 그렇게 부러우신가요?"

"자랑스러운 딸을 두었으니까요."

"네, 그렇겠지요. 그런데 그 딸의 뒷바라지를 위해 얼마나 헌신했는지를 아버지가 자랑하고 다니는 모습은 어떨까요?"

"글쎄요."

"딸이 부담을 느끼지 않을까요? 다음에 우승을 못하거나 성적이 나쁠 때에는 어떨까요?"

"……."

"아버지의 헌신적 노고에 보답하지 못한 셈이 되지 않을까요? 자녀는 부모의 기쁜 감정을 충족시켜 주기 위해서 끝없는 부담감에 시달릴지도 모릅니다. 그래서 슬럼프에 빠질 가능성도 있지요."

가족 상담 치료자들은 지나친 정서의 융합을 건강하지 못한 것으로 본다. 융합이 강한 사람은 칭찬과 비난에 예민할 뿐 아니라, 심적 부담감으로 스트레스를 많이 받게 되기 때문이다.

가족 치료자의 선구자인 보웬Murray Bowen은 가족 중의 한 사람이라도 동기수준이 높으면 전체 가족체계를 변화시키는 지렛대가 될 수 있다고 했다. 강호가 문제를 극복하고 대학 진학의 기쁨을 맛보게 된 데는 강호의 의사결정권을 존중하려는 어머니의 노력이 매우 큰 동기로 작용했을 것이다.

자퇴상담
학교를 떠나는
아이들

08 집단 따돌림으로 괴로워하는 아이

Counseling 8 **교우관계 조사와 분석**

고1 병수는 엄마에게 전학을 보내 달라고 했다. 급우들로부터 괴롭힘을 당하고 있어서 힘들다는 것이었다. 다음 날 병수 담임 K선생님이 내게 전화했다.
"우리 반 아이끼리 조금 다퉜는데, 그 때문에 병수 부모님이 학교를 찾아오셨어요. 큰 싸움을 한 것은 아닌데요, 상담을 부탁드립니다."
"병수가 누구하고 다퉜나요?"
"고광철이라고 아시죠? 학급 부회장이고 공부도 잘하고 활달한 아이죠."
"병수에 대한 다른 정보는요?"
"공부는 그럭저럭 하는 편인데 성격이 내성적이면서도 좀 까칠해요. 외동아들이라 부모가 과잉보호하는 것 같아요. 친구들과의 문제를 초등학생처럼 부모에게 해결해 달라고 하는 것을 보면 아직 철이 덜 들었지요. 허허."
K선생님은 애써 웃으면서 불편한 마음을 추슬렀다.

부모님과 함께 상담 테이블에 앉은 병수는 어깨를 움츠린 채 시선 둘 곳을 몰라 했다. 경계심이 가득한 몸짓과 불안한 눈빛을 보니 우선 병수의 마음을 달랠 필요가 있겠기에 칭찬의 말부터 건넸다.
"병수야, 수업할 때 보니 참 진지하더라. 떠들지도 않고 집중력이 좋아 보였어. 그런데 친구와 불편한 일이 있었나 보네?"
병수가 머리를 긁적이자, 어머니가 먼저 말을 꺼냈다.
"어제 광철이라는 학생과 다퉜는데요. 걔도 잘못했지만, 우리 아이도 잘한 게 없어요. 저희가 불쑥 학교를 찾아온 것도 잘한 일이 아닌 것 같네요. 죄송합니다."
"천만에요. 병수의 호소를 못 들은 척할 수야 없지요. 부모님이 함께 학교를 찾아오신 것은 정말 잘하신 일입니다."
병수에게 물었다.
"그래 무슨 일로 다퉜니?"
병수가 선뜻 대답을 못하고 머뭇거리자, 아버지가 말했다.
"병수가 왕따를 당한다고 해서 좀 놀랐는데요. 헌데 담임선생님 말씀을 들어 보니 병수 말이 좀 과장된 듯해요. 광철이하고 윤상이를 만나 보았는데, 애들이 나빠 보이지는 않았어요. 그 둘이 학급 회장, 부회장이라고 하더군요."
부모님의 말이 이어지는 동안 병수의 얼굴은 어둡기만 했다. 원군이 되어 줄 것으로 믿었던 부모님도 한 발 물러서는 태도를 보이고 있고, 게다가 이 일 때문에 져야 할 뒷감당도 걱정일 것이다.

병수 부모님에게 질문했다.

"병수가 아이들과 원만하게 지내도록 노력해야 한다고 말씀하셨는데요. 구체적으로 어떤 노력을 해야 할까요?"

"그야, 지가 좀 더 참고…… 양보하고…… 친구들이 왜 그러는지 이해를 통해서……."

추상적이고 관념적인 말들이 아버지의 입 끝에서 맴돌았다.

"지난 4월에 전교생을 대상으로 교우관계에 관한 설문 조사를 했습니다. 결과 자료를 참고해 볼까요." COUNSELING 8

자료 파일을 들쳐 병수의 이름을 찾는 동안 모두의 시선이 집중되었다.

"병수는 끈끈한 친구가 하나 있다고 답했네, 김○○ 해외 유학?"

"네, 중학교 때 친구인데요, 미국으로 유학을 갔어요."

병수 어머니도 잘 아는 아이라는 듯 고개를 끄덕였다.

병수의 교우관계 설문 결과에 기재된 이름은 김○○ 한 명뿐이었다. 그 밖에는 친하다거나, 관심이 있다거나, 혹은 불편한 관계에 있다거나 하는 아이의 이름이 기재되어 있지 않았다.

"유학 간 친구 말고 새로 사귄 친구는 없니?"

병수는 잠시 뜸을 들이더니, 고개를 가로저었다.

광철이의 교우관계도 살펴보았다. 광철이 자료에는 윤상이를 포함하여 끈끈한 친구 다섯 명, 친한 친구 열 명, 비호감의 대상으로 병수와 또 한 명의 이름이 쓰여 있었다. 면담을 통해 좀더 확인해 보아야겠지만, 설문 결과 파일과 교우관계 다이어그램에는 광철이가 여러 친구들과 그룹을 형성하는 것으로 나타나 있었다. 친구들과 함께 병수를 따돌리고 있을 가능성이 높아 보였다.

"광철이는 친구들이 많은 것 같은데, 걔네들과 또 어떤 문제가 있었니?"
병수는 생각하기 싫다는 듯이 고개를 절레절레 흔들었다. 아침부터 연이어 상담하느라 피곤한 것 같아 1차 상담은 여기서 끝내기로 했다.
"병수가 자신의 고민을 혼자 끙끙 앓지 않고 부모님께 말씀 드린 것은 매우 잘한 일이어서 칭찬하고 싶습니다. 부모님 또한 아들의 호소를 외면하지 않고 관심을 기울여 주셨으니 그 또한 잘하신 일입니다. 어른들의 계속적인 관심과 도움이 필요합니다. 병수가 왕따를 당하고 있다면 혼자서 해결하기 힘든 일이기 때문입니다. 광철이와 친구들을 불러 상담한 후 병수를 다시 부르겠습니다."

애초에 담임인 K선생님은 병수의 따돌림 문제를 과소평가한 것 같았다. 학급 부회장인 광철이를 두둔하려는 마음도 있었을 것이다. 그런데 생활지도부에서 광철이에게 싸움의 경위서를 쓰게 했는데, 생각보다 사안이 심각하다는 것을 알고는 다음 날 아침 내게 그 자료를 넘겨주었다.

「제가 병수에게 핸드폰을 빌려 달라고 했는데, 그냥 빌려 주면 될 것을 병수는 말도 안 되는 이유로 빌려 주지 않았습니다. 점심을 먹고 나오는데 병수가 애들과 있어서 아까 그 이야기를 하였습니다. 저는 그 일이 생각나 병수를 장난으로 살짝살짝 때렸습니다. 근데 거기서 보고 있던 2학년 형이 저 보고 인간을 왜 때리냐고 하면서 주먹으로 제 얼굴을 때렸습니다. 거기 있던 애들이 말려서 두 대만 맞았습니다. 근데 너무 화가 나서 저는 교실에 가서 병수를 때렸습니다. 솔직히 제가 때린 건 잘못인 줄 알지만 예전부터 병수에게 안 좋은 감정이 많았습니다. 몇 달 전에도 병수가 저랑 친한 민형이를 뒷땅까다가(키 작다고) 민형이랑 싸우고, 또 만만한 진동이를 아무런 이유 없이 팔을 마구 깨물어서 상처가 심하게 났었는데, 진동이 어머니가 그것을 보시고 학교를 찾아온다는 것을 진동이가 말렸다고 했습니다. 병수는 만만한 애들을 많이 괴롭혀서 그때부터 차차 감정이 쌓였습니다. 아무런 이유 없이 뒷땅까고 하는 것을 참을 수 없었기에 이런 일들이 일어난 것입니다. 저도 인간이기에 때리는 것을 싫어하지만 병수가 애들을 그렇게 무시하는 게 싫었습니다. 이런 일이 생겨 담임선생님께 죄송합니다. - 고광철」

병수와 광철이, 그리고 윤상이를 호출했다. 윤상이와 광철이가 몇몇 아이들과 패거리를 지어 자기 마음에 들지 않은 아이들을 종종 얼러댄다는 것은 오래전부터 짐작하고 있던 터였다. 세 아이를 상담 테이블에 둘러앉혔다.
"광철이가 쓴 경위서를 읽어 보았단다. 핸드폰을 빌려 주지 않는 것에 화가 나서 때렸다고?"
"네, 뭐 말도 안 되는 이런저런 핑계를 대면서 안 빌려 주잖아요."
"그래서 화가 났어?"

"네."
"그래서 애들 앞에서 병수가 치사한 녀석이라고 말했니?"
"치사하고 쩨쩨하니까요."
광철이는 화가 난 듯이 말했는데, 병수는 조용하게 듣기만 했다. 반면, 윤상이는 내가 어떤 의도를 가지고 질문을 하는지 눈치를 보는 듯했다.
"좋아, 그래서 그 다음에는 병수를 살짝살짝 때렸다고? 어디를 때렸지?"
"그냥 손으로……."
"손으로 어디를?"
"뺨을 살짝살짝 때렸을 뿐이에요. 장난으로……."
"그랬구나, 장난인데 2학년 형이 그것도 모르고 너를 또 때렸구나."
"네."
"광철아, 이리 가까이 와 봐라."
"네?"
순간, 나는 손등으로 광철이의 뺨을 두 번 탁탁 쳤다. 아프지는 않았겠지만, 광철이는 금방 얼굴이 빨개졌다. 느닷없이 당한 모욕감에 울컥하는 심정을 느꼈으리라.
"장난이야, 장난이라고! 하하."
나는 한술 더 떠 고소해 죽겠다는 표정을 지어 보였다. 광철이 입에서는 금방 욕이라도 튀어나올 듯했지만, 차마 그러지는 못하고 감정을 삭이느라 낯빛이 붉으락푸르락했다. 병수는 땅만 내려다보고 있는데, 윤상이가 뭘 알겠다는 듯이 고개를 끄덕였다.

"그래, 윤상이는 이번 일을 어떻게 생각하니?"
"저희가 병수를 따뜻하게 대해 주지 못한 것 같습니다. 평소 병수가 잘못한 게 있더라도 저희가 포용했더라면 좋았을 거라고 생각합니다."
학급 회장인 윤상이는 노련한 장사꾼처럼 약삭빠른 대답을 했다. 나는 좌중을 돌아보며 말했다.
"그래, 윤상이 생각이 참 기특하다. 윤상이 말대로 서로 화해하고 잘 지내면 좋겠다. 그렇지?"
병수는 풀어진 얼굴 표정으로 긍정의 뜻을 비쳤는데, 광철이가 버럭 화를 냈다.
"저는 용서할 수 없어요!"
"용서할 수 없다니, 누구를? 무엇을?"
"이런 일로 고자질을 한 병수요!"
"음……, 그래 용서할 수 없으니 어떡할까? 또 때릴 작정이니?"
"……."
광철이는 분통이 터진다는 듯이 씩씩거렸다.
"좋아, 이제 공부를 좀 해 볼까. 광철이는 화가 나 있고, 병수는 침울하니, 윤상이가 내 질문에 대답해 줄래?"
윤상이는 재빠르게 대답했다.
"네."
"자기가 경험한 일을 부모님에게 사실대로 말하는 것은 법적으로 무슨 죄일까?"

윤상이는 잘 모르겠다는 표정을 지었다. 재차 질문했다.
"광철이는 병수가 고자질을 해서 용서할 수 없다고 했잖아."
"네."
"용서할 수 없다니 병수가 죄를 지은 게 분명하잖아. 어서 말해 봐 어떤 죄야?"
"……."
"국가 기밀 누설죄?"
이를 듣고 있던 병수가 희미하게 웃었다.
"좋아, 그럼 다음 문제를 맞혀 봐라. 윤상아, 사람의 얼굴을 때리는 것은 무슨 죄지?"
"……폭력?"
"폭력죄라구?"
"음……, 상처가 난 경우에 폭력죄가 되겠지요?"
나는 단호하게 고개를 저었다.
"아니, 상처가 나면 폭력 더하기 상해죄가 되고, 상처가 없어도 폭력죄가 성립해. 더구나 뺨을 툭툭 치면 모욕죄까지 플러스!"
"아!"
"한 문제 더 하자."
"네."
"사람들 앞에서 치사한 놈이라고 욕을 하면 죄일까 아닐까?"
"죄가 될 것 같아요."

"어째서?"
"선생님 질문 의도가 그런 것 같아서요."
"하하, 윤상이는 참 영리하구나. 그래, 사람들에게 사실이든 아니든 공개적으로 비방하는 것도 명예훼손죄가 된다."

이야기가 진행되는 동안 서로에게 쌓였던 감정들이 조금씩 씻겨 나가고 있었다. 상담의 내용이 좋아서라기보다는 원탁의 분위기 때문이었다. 이 아이들은 얼굴을 마주하고 진지하게 대화를 나눈 경험이 없는 아이들이었다. 남이 말할 때 경청하고, 자기가 말할 때 남이 경청해 주는 새로운 경험을 학습하고 있는 것이다.

"광철아!"
광철이는 대답 없이 나를 쳐다보았다.
"이제, 네가 용서할 수 없다고 말한 이유를 다시 생각해 보자. 병수가 고자질을 한 것 때문에 네가 무엇이 불편해졌는지 구체적으로 말해 봐라."
"병수 때문에……."
"그래 병수 때문에, 뭐가 어떻게 나빠졌지?"
"제가 경위서를 쓰게 된 일과 부모님 호출을 당하게 된 거요."
"부모님 호출?"
"네, 내일 생활지도부에서 부모님 모셔 오라고 했어요."
"아하! 그랬구나! 좋아, 그러면 지금의 상황에서 달라지게 할 수 있는 것은 무엇인지 생각해 보자. 고자질이나 경위서를 쓴 일은 이미 일어난 일이라서 돌이킬 수 없다. 그건 광철이 네가 기분이 나빠도 어쩔 수가 없는 일이지. 다만, 광철이 부모님이 학교에 오시지 않아도 된다면 어떨까?"
"……."
병수에게 물었다.
"병수야, 너는 광철이가 어떻게 되었으면 좋겠니? 또 네 기분은 어떤지도 궁금하구나."
"이제 그만 조용하게 되었으면 좋겠어요."
"그래? 광철이나 윤상이와 잘 지낼 수 있겠어? 또 광철이가 쓴 경위서를 보면 네가 민형이나 진동이를 괴롭혔다는데, 인정하니?"
"네. 저도 잘못한 점이 있어요."
"좋아, 윤상이는 어때? 너는 학급 회장이면서 광철이하고 친한 친구인데 이번 일이 원만하게 해결되도록 협조할 수 있겠니?"
"네."
광철이에게 다시 물었다.
"광철아, 네가 병수를 따돌리지 않겠다면, 이번 부모님 호출은 취소하도록 내가 힘을 써 볼게. 어때?"
"……네."
광철이는 선생님이 사정하니 마지못해 그렇게 하겠다는 식으로 고개를 끄덕였다. 사실 광철이는 병수를 건드렸다가 2학년 형에게 얻어맞았기 때문에 자존심이 뭉개진 상태였다. 재차 병수를 때렸지만, 이제는 왕따

가해자로 처벌을 받을 위기에 몰려 있었다. 광철이 나름대로는 병수가 '뒷땅까는' 아이라서 손을 좀 봐 준 것뿐이라고 합리화하고 있는데, 이 경우 광철이를 처벌하는 것으로 사태가 종결될 리는 만무하다. 광철이가 처벌을 받는다면 병수에게 가해지는 아이들의 왕따가 더욱 심각해질 것이 분명하기 때문이다.

이제 상담의 초점은 아이들의 자존감을 세워 주는 데 있다.

"윤상아, 너는 학급 회장이고 친구들에게 영향력이 있는 사람이다."

윤상이는 겸연쩍은 표정을 지었다.

"사실 선생님은 광철이보다도 또 다른 친구들이 걱정이다."

"누구요?"

나는 광철이, 윤상이와 친밀한 아이들의 이름을 서너 명 댔다.

"영배, 진수, 민형이 같은 친구들 말이다. 걔들도 병수하고 사이가 좋지 않은 것 같아서 말이다. 이번 일로 병수를 더 괴롭히지는 않을까?"

"아마, 그런 일은 없을 거예요."

"그래, 사이좋게 지내면 좋겠는데……, 윤상이 네 역할이 중요할 것 같구나."

"네, 친구들이 제 말은 잘 들으니까요. 아마 괜찮을 거예요."

"그래, 고맙다."

두 시간 가까이 진행된 집단 상담은 바른 말을 사용하여 대화했다는 것에도 큰 의미를 둘 수 있다. 대개 패거리를 이룬 아이들은 "이 새끼, 저

새끼"를 접미사처럼 달아 거친 말을 사용하는 버릇이 있기 때문이다. 더구나 격정적인 상태에서 올바른 대화를 해 본 경험이 별로 없다.

광철이 부모님 호출은 생활지도부장 선생님에게 건의하여 취소하도록 조치하였고, 다음 날 영배, 진수, 민형이를 불러 상담했다. 이 아이들은 광철이와 윤상이의 동조자였기 때문이다. 아이들은 어제 일에 대해서 상세하게 알고 있었기 때문에 상담에 매우 순응적으로 임했다. 왕따 문제에 대한 객관적이고 일반적인 사례를 설명하고, 왕따 피해자의 정신적 스트레스와 고통에 대해서도 이야기했다. 또한 피해자가 현실 도피적인 생각에 빠져 자살을 시도할 수도 있으니 또래 친구들의 보살핌이 중요하다는 것도 학습시켰다. '너희들은 가해자가 아니라 친구'라는 암시도 적절하게 주었다.

병수는 그 후로 아이들의 괴롭힘을 별로 받지 않게 되었지만, 마음 통하는 친구도 사귀지 못한 채 한 학기를 마쳤다.

이듬해에는 병수에게 새로운 기회가 찾아왔다. 병수 아버지가 북경 주재원으로 회사의 발령을 받았기 때문이다. 축하할 만한 일이었다. 병수는 아버지를 따라 중국으로 건너갔고, 외국인 학교를 다녔다. 2년 후 잠시 고국에 들르러 온 병수는 몰라보게 성숙한 청년이 되어 있었다. 현재는 중국의 청도대학에 다니고 있다.

Counseling 8. 교우관계 조사와 분석

교우관계 설문지 제작 및 조사

교우관계 설문지는 학생 연령과 성별에 따라 다양한 유형으로 제작할 수 있다. 그런데 설문 제작과 조사 시에는 다음과 같은 점에 유의해야 한다.

첫째, 첫 문항부터 교우관계를 직접 언급하면 학생들이 부담을 느끼기 때문에 응답률이 떨어진다. 따라서 처음 절반 정도의 문항은 자아탐색 프로그램 형식으로 시작하는 것이 좋다. 그것이 거부감을 줄이고 응답률을 높이는 방법이다. 자아탐색 문항은 작성자 학생의 성격이나 가정환경을 파악하는 데에도 도움이 된다.

둘째, 왕따 학생이나 폭력적인 학생을 기재할 때 고자질한다는 느낌이 들지 않도록 설문 제작이나 문항 배열에 신경 써야 한다(부담스러운 내용은 가급적 설문의 중간쯤에 오도록 하고, 덮개용 표지를 만들어 기재 내용을 주변에서 볼 수 없도록 하는 것이 좋다).

셋째, 설문 조사를 하는 동안 학생들이 남의 것을 보지 않도록 교사가 감독해야 한다.

넷째, 교우관계는 극히 예민한 사항이므로 응답 자료가 공개되어서는 안 된다.

교우관계 조사 설문지 예

이 설문은 친구들과 더불어 즐겁고 행복한 학교생활을 하는 데 도움을 주고자 만든 것입니다. 친구에 대한 자신의 가치관과 행동양식을 진실하게 생각해 보는 일은 보다 바람직한 친구 관계를 맺는 데 매우 중요한 일입니다. 좋은 친구는 소중한 재산과도 같습니다. 지금부터 친구에 대한 자신의 생각이나 행동양식에 대해 솔직하게 답변해 봅시다.

이 설문은 작성이 끝난 즉시 수합되어 상담교사에게 전달되며, 작성자의 허락 없이는 누구에게도 공개하지 않고 비밀을 지킬 것을 약속합니다.

1. 나는 어떤 사람인지 소개해 봅시다.

   학년 : (   )   반 : (   )   번호 : (   )   이름 : (   )

2. 나의 성격에 가깝다고 생각하는 것에 ∨표를 해 봅시다.

   ① 외향적인 편이다.   ② 내향적인 편이다.   ③ 잘 모르겠다.

3. 나는 동아리나 혹은 친구들 모임에 참여하는 일을 좋아합니까?

   ① 예.   ② 아니오.
   ③ 좋아하지만 공부 때문에 참는다.   ④ 좋아하지만 부모님이 말려서 참는다.

4. 나는 친구를 칭찬하고 싶을 때 어떻게 합니까?

   ① 남들 앞에서 즉시 칭찬한다.   ② 개인적으로 조용히 칭찬한다.
   ③ 칭찬하고 싶은 경우가 별로 없다.

5. 나는 친구를 나무라고 싶거나 친구에게 따지고 싶을 때 어떻게 합니까?

   ① 즉시 따지고 나무란다.   ② 상황을 보아 조심스럽게 말한다.
   ③ 대개는 속으로 묻어 두고 참는다.

Counseling 8

6. 나는 어느 경우가 더 많습니까?
   ① 친구에게 물건을 빌릴 때가 더 많다.
   ② 친구에게 물건을 빌려 줄 때가 더 많다.
   ③ 물건을 빌리거나 빌려 주는 경우가 매우 드물다.

7. 나는 친구와 대화를 할 때 어떤 경우가 더 많습니까?
   ① 대화를 이끌며 말하는 경우가 더 많다.
   ② 대화를 경청하는 경우가 더 많다.   ③ 대화할 일이 별로 없다.

8. 내 의견이나 주장에 대해 친구가 반대하는 경우 어떻게 합니까?
   ① 내 의견을 강하게 주장하여 상대방을 설득한다.
   ② 참을성을 가지고 완곡하게 설명한다.
   ③ 친구의 체면을 생각해서 친구 의견을 인정한다.
   ④ 의견이 안 맞으면 구차하게 설명하지 않고 대화를 그만둔다.

9. 친구가 나의 단점을 고치라고 말하면, 속으로 어떤 생각이 듭니까?
   ① '그렇구나, 단점을 고치도록 해야겠다.'
   ② '아, 나는 왜 이렇게 단점이 많을까. 속상하다.'
   ③ '나는 단점이 아니라고 생각하는데 너는 왜 그렇게 부정적으로 보니?'
   ④ '나도 알고 있으니까 됐거든, 너나 잘해라.'

10. 친구가 나의 단점을 고치라고 말하면, 실제로 어떻게 말을 합니까?
   ① "그래, 고치도록 노력해 볼게."
   ② "나도 단점을 알지만 고칠 수가 없어서 울적해."
   ③ "나도 알아, 그런데 너도 마찬가지로 단점이 있거든"
   ④ "내가 뭐 어때서? 나는 그게 좋거든, 그러니까 신경 꺼."

11. 친구들이 나를 평가할 때 제일 듣기 좋은 말은 무엇인지 써 보세요.

12. 친구들이 나를 평가할 때 제일 듣기 싫은 말은 무엇인지 써 보세요.

13. 친밀도에 따라 친구를 '끈끈이' '친한이' '관심이'로 나눈다면 누가 있는지 이름을 쓰고, 없으면 빈칸으로 둡시다.

* 끈끈이 : 거의 매일 만나며, 자기의 느낌이나 생각을 언제라도 이야기할 수 있는 친구
  멀리 이사를 갔거나 자주 만나지 못하더라도 마음의 끈이 연결되어 있는 친구
* 친한이 : 만나는 빈도가 얼마 되지는 않지만 친밀하게 지내는 친구
* 관심이 : 친밀하게 어울리지는 않지만, 기회가 되면 사귀고 싶거나 관심이 가는 친구

	끈끈이	친한이	관심이
같은 반 친구			
다른 반 친구			
다른 학교 친구			

14. '끈끈이' 친구가 있다면, 그 친구의 장점이 무엇인지 써 보세요.

15. '끈끈이' 친구와 만나면 주로 어떤 일을 하게 되는지 써 보세요.

16. '친한이' 친구의 장점이 있다면, 그 친구들의 장점이 무엇인지 써 보세요.

17. '친한이' 친구들과 만나면 주로 어떤 일을 하게 되는지 써 보세요.

18. '관심이' 친구는 어떤 점이 매력적이고 좋아 보이는지 써 보세요.

19. 친구에게 서운한 적이 있었다면 어떤 일 때문인지 써 보세요.

20. 주변에 친하지 않은 또래가 있으면, 그 정도에 따라 구별하여 써 보세요.

- 비호감 : 특별히 마찰은 없으나 별로 마음에 들지 않아 친하고 싶지 않은 친구
- 께름이 : 마주치면 불편한 기분이 들거나 대화를 하기 싫은 친구
- 뜨끔이 : 압박감을 주거나 위협적, 폭력적이어서 마주치기 싫은 친구

	비호감	께름이	뜨끔이
같은 반 또래			
다른 반 또래			
다른 학교 또래			

21. '비호감' 또래가 있다면, 어떤 점이 마음에 들지 않는지 써 보세요.

22. '께름이' 또래가 있다면, 어떤 일이 원인이 되었는지 써 보세요.

23. '뜨끔이' 또래가 있다면, 그 친구의 성격에 어떤 문제가 있다고 생각하는지 써 보세요.

24. '께름이' 또래가 있다면, 그 원인은 누구에게 있다고 생각합니까?
    ① 그 친구의 성격이나 태도에 문제가 있다.
    ② 그 친구의 성격이나 태도보다 나의 태도에 더 문제가 있는 것 같다.
    ③ 그 친구나 나나 둘 다 비슷하게 문제가 있다.

25. '뜨끔이' 또래가 있다면, 그 원인은 누구에게 있다고 생각합니까?
    ① 그 친구의 성격이나 태도에 문제가 있다.
    ② 그 친구의 성격이나 태도보다 나의 태도에 더 문제가 있는 것 같다.
    ③ 그 친구나 나나 둘 다 비슷하게 문제가 있다.

26. 부모님은 내 친구들을 대체로 어떻게 보십니까?
    ① 좋은 친구들이라고 보신다.
    ② 별로 안 좋은 친구라고 보신다.
    ③ 친구들에 대해 무관심하기 때문에 잘 모르신다.

④ 어떻게 생각하시는지 잘 모르겠다.

27. 부모님은 친구들을 집에 데려왔을 때 어떻게 해 주십니까?
    ① 반갑게 맞아 주신다.　② 별로 신경 쓰지 않으신다.
    ③ 못마땅해 하신다.　　④ 아예 친구들을 집에 데려오지 말라고 하신다.

28. 부모님이 특별히 좋아하는 친구 유형이 있습니까?
    ① 착한 친구　　　② 부잣집 친구　　　③ 공부 잘하는 친구
    ④ 잘 생긴 친구　⑤ 편견을 두지 않는다.　⑥ 기타(　　　　　)

29. 부모님의 가치관이 친구들의 가치관과 다를 때 대체로 누구의 생각이 더 옳다고 생각합니까?
    ① 부모님　　　　② 친구　　　③ 잘 모르겠다.

30. 친구에 관해서 무엇이든지 하고 싶은 말이 있으면 써 보세요.

교우관계 설문 프로파일 작성

설문지에서 교우관계 파악의 핵심이 되는 항목은 13번 친밀한 교우관계와 20번 불편한 교우관계이다. 21번, 22번, 23번 항목은 왕따 학생이나 가해 학생의 대인관계 성격이나 태도를 살필 수 있는 내용이어서 중요하다. 수합한 설문지는 한글 워드 프로그램 등을 이용하여 학급별로 요약 정리한다. 일러스트 기능을 활용하여 교우관계 다이어그램을 그릴 수 있으면 더욱 좋다.

한글 워드 작성 예

번호	이름	급우 친밀 관계			급우 불편 관계			타학급 친구			타학급 친구			타교생
		끈끈이	친한이	관심이	비호감	께름이	뜨끔이	끈끈이	친한이	관심이	비호감	께름이	뜨끔이	
1	...	...	...	...				...						...
2	...													...
3	...	...	...		...	...	...	...						
4	...	...		...		...		...				...	...	
5	...	...			...						...			

교우관계 설문을 분석하면 학급 내의 교우관계뿐만 아니라 타학급과 타교의 학생, 이성친구 등을 파악할 수 있어서 학생에 대한 이해가 더욱 깊어진다. 친구가 없는 것 같은 아이도 타학급이나 타교에 끈끈한 친구가 있다는 것을 알게 될 때도 많다. 또한 인기가 많은 학생, 고립되어 있거나 따돌림의 대상이 되고 있는 학생을 파악하기에도 용이하다.

다이어그램 작성 예

[그림1]은 실제 자료에 기초하여 고등학교 1학년 한 학급의 친밀 관계를 나타낸 것이다.

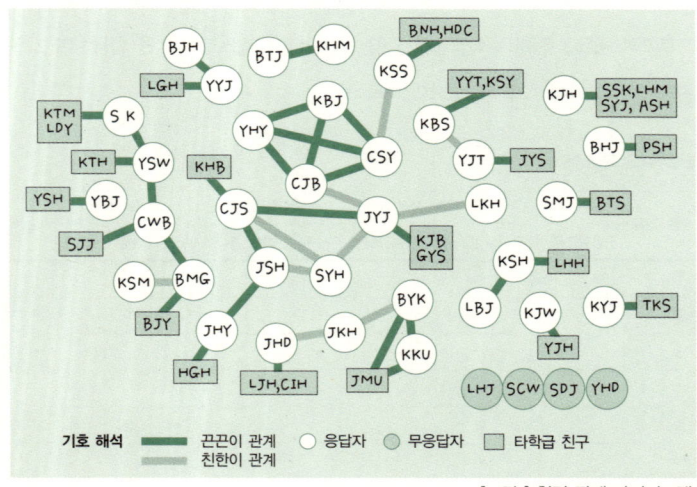

[그림1] 친밀 관계 다이어그램

끈끈이 관계란 쌍방이 끈끈이라고 응답한 경우를 뜻한다. 이 학급은 중앙에 보이는 것처럼 ⊠ 모양의 특이한 끈끈이 관계가 나타났다. 이를 통해 YHY, KBJ, CJB, CSY 네 명의 학생이 끈끈이 관계로 뭉쳐 있는 것을 한눈에 파악할 수 있는데, 이들은 비교적 학교생활을 잘하는 아이들로서 사교적이고 활발하여 교우관계를 주도

하는 학생들이다. 그림에는 학급 내에는 끈끈한 친구가 없지만, 타학급이나 타교에 끈끈한 친구를 두고 있는 아이들(KJW, KYJ 등)도 보인다. 타교의 친구는 대개가 중학교 동창이나 교회 친구들이다. 그림의 오른쪽 아래에서 볼 수 있듯이 무응답자는 4명으로, 이 학생들은 끈끈이, 친한이, 관심이를 표기하지 않았을 뿐만 아니라, 급우들에게도 전혀 지목 받지 않은 상태이다.

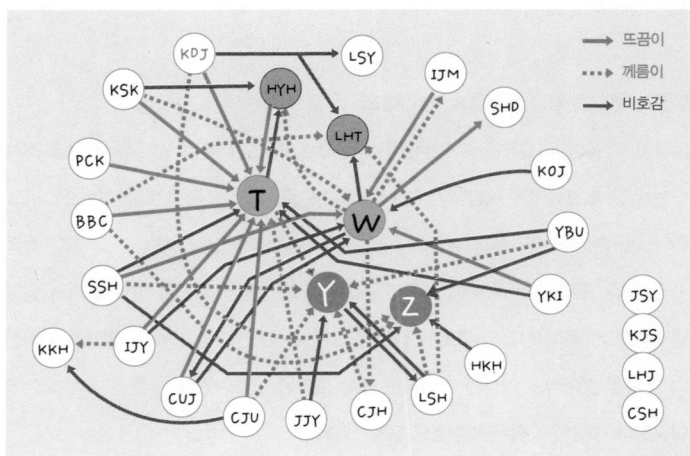

[그림2] 불편 관계 다이어그램

[그림2]는 2학년 한 학급의 불편 관계를 나타낸 것이다.
색깔로 표시된 학생들은 적어도 3명 이상으로부터 불편한 친구라는 지적을 받은 아이들이다. 특히 T와 W는 폭력적 성향이 비교적 높은 학생이다. T는 충동적 공격

성을 가진 학생이어서 중학교 3년 동안 신경안정제 처방을 받은 경력이 있다. W는 성적이 우수한 학생인데, 담임교사는 그를 엄석대(소설 《우리들의 일그러진 영웅》에서 폭력과 회유로 권력을 유지하는 인물)에 비유했다.

교우관계 조사는 관계의 파악에 그 목적이 있을 뿐이다. 설문 조사의 결과는 비밀에 붙여서 학생들이 알게 해서는 안 되고, 이를 토대로 그 어떤 충고나 훈계도 해서는 안 된다는 점을 유념해야 한다.

부정적 평판을 받은 학생들의 생활지도와 상담

뜨끔이, 께름이, 비호감······. 학생들을 대상으로 이 같은 부정적인 교우관계를 조사하는 일은 학교폭력을 예방하기 위한 한 방편으로, 결코 교육적인 일은 못 된다. 그러나 이 설문 조사가 폭력 성향의 학생들을 움츠리게 하는 데에는 어느 정도 효과가 있었다. 주먹이 센 학생에게 폭력을 당하고도 선생님께 직접 말할 용기가 없었던 학생들은 폭력 신고의 통로가 생겨서 반가워하는 눈치였고, 여러 명에게서 자신이 거명될 것이라고 예상한 학생들은 매우 초조한 모습이었다. 물론 사실을 쓰기가 난감하여 응답하지 않은 학생들도 여럿 있었다.

설문에서는 뜨끔이, 께름이, 비호감이란 용어를 사용했는데, 학생들끼리는 '노는 애들'과 '찌질이'라는 말을 더 많이 쓴다. '노는 애들'과 '찌질이'가 왕따의 먹이사슬 관계에 처하는 것은 시간 문제일 뿐이라고 해도 과언이 아니다.

학생들이 뜨끔이, 께름이, 비호감인 이유를 서술할 때 빈도 높게 사용된 언어는 다음과 같다.

뜨끔이	께름이	비호감
애들 때림	잘난 척	씻지 않아 냄새 남
윽박지름	나댄다	불결한 머리와 비듬
양아치	싸가지 없음	인상이 안 좋음
말보다는 주먹	뒷담화	개념 없음
기념일에 돈 요구	집단으로 괴롭힘	답답함
담배 냄새	담배 냄새	짜증 남

아이들의 행동 특성을 이해하는 것은 상담의 방향을 설정하는 데 중요한 지표가 된다. 주변의 곱지 않은 시선을 받으면서도 폭력으로 권력을 쥐려하거나 잘난 척을 하는 것은 결핍된 자존감을 보상 받으려는 시도이다. 그것 말고는 다른 방법을 잘 모르기 때문에 그릇된 행동을 반복하는 것이다. 불결한 냄새 때문에 급우들이 싫어하는데도 한없이 게으르게 지내는 아이는 지능이 매우 낮거나, 삶의 욕구가 현저하게 약해져서 무력감에 매몰되어 있다고 보면 틀림없다. 그렇다면 무엇을 채워 주고 무엇을 촉진해야 할지 가닥이 잡힌다. 자아에 대한 만족도가 떨어지는 아이는 자아유능감이 살아나도록 자신이 지니고 있는 긍정적인 자질을 알려 주고, 삶의 욕구가 촉진되도록 성공에 대한 희망을 북돋아 주어야 한다. 지능이 낮은 아이는 복잡한 설명보다는 기본적인 생활습관(머리 자주 감기, 교복 빨아 입기 등) 지도가 효과적이다. 단, '네가 그 모양이니까 급우들이 널 좋아하지 않는 것이다'와 같은 부정적 메시지를 보내서는 안 된다. 부정적인 메시지는 부정적인 자아상을 그리게 하기 때문이다. '잘 씻기만 해도 달라질 수 있다'는 메시지를 주는 것이 비호감 상태를 벗어나는 데에 도움이 된다.

자퇴상담
학교를 떠나는
아이들

09 심리 장애로 인해 학교에 적응하지 못하는 아이

Counseling 9 **유아기 · 소아기 · 청소년기에 처음으로
진단되는 10가지 유형의 정신 장애**

「1학년 8반 김치수. 정신적으로 약간 문제가 있는 학생 같습니다.」
새내기 담임교사가 작성하여 제출한 학생 개인 상담 의뢰서에 기재된 내용이다. 지적 장애나 정서 장애가 있는 모양인데, 아마도 적절한 표현을 찾지 못하여 '정신적으로 문제가 있다'고 쓴 것 같다.

치수의 상태가 어떤지 담임 의견을 들었다.
"글쎄요. 좀 엉뚱한 말을 종종 해서 아이들의 웃음거리가 되는 거 같아요."
"건강기록조사 가정통신문에 특별한 기재는 없었나요? 지적 장애 등급을 받았다든지 하는……."
"예, 없었어요."
"알겠습니다. 무조건 호출 상담하는 것이 능사는 아니니 지켜보도록 할

게요. 선생님 반 수업이 일주일에 한 시간 있거든요."
"네, 잘 부탁드립니다."

치수는 또래들보다 체격도 크고 팔다리도 튼실한 아이다. 덩치에 걸맞게 얼굴도 컸지만, 짙은 눈썹에다 크고 맑은 눈동자를 우뚝하고 넓은 콧등이 받치고 있어서 신수가 훤했다. 다만, 입을 꾹 다물고 정면을 뚫어지도록 응시하는 모습이 늘 무엇인가에 몰입하고 있는 듯했다. 하루는 수업 중에 치수가 우스꽝스러운 질문을 했다.
"뜨거운 것이 뜨거운 것은 왜 뜨거운 거죠?"
아이들이 깔깔대고 웃었다.
'내가 또 뭘 잘못한 거지?'
치수 얼굴이 붉어졌다.
"좋은 질문이다."
아이들이 일순 조용해졌다.
"사실……, 치수의 질문은 철학적 의문과도 같아서 선뜻 뭐라고 답하기 힘들다. 물리적 또는 화학적인 개념으로 설명해야 할지, 아니면 생물학적인 자극과 반응의 개념으로 답해야 할지……."
이렇게 거창하게 서두를 잡은 후 질문을 재정리하고 치수가 알고 싶어 하는 바를 설명했다. 이런 일이 몇 번 거듭되자 치수는 복도에서 마주칠 때마다 우군을 만난 것처럼 "안녕하세요. 선생님!"하고 큰 소리로 인사했다.

3월 하순 어느 날, 치수는 하루에 두 번이나 울었다. 치수가 수업 중에 다소 엉뚱한 질문을 했고, 아이들이 "쟤 좀 미쳤어요"라고 말했을 때였다. "그럴 땐 또라이라고 하는 거야" 농담인 줄 알고 P선생님이 그렇게 받아넘기자, 치수가 큰 소리로 엉엉 울기 시작했던 것이다. 커다란 눈에서는 닭똥 같은 눈물이 뚝뚝 떨어졌다.

점심시간에는 짓궂은 아이들이 치수의 교과서를 숨겨 놓았다. K선생님은 치수에게 교과서를 왜 준비 안 했느냐고 물었다.

"있었는데 누가 가져갔어요. 한번만 봐 주세요."

치수가 사정했다.

"교과서를 챙기지 못한 네 실수도 있으니까, 그렇다고 해도 봐 줄 수는 없어."

원칙을 강조하는 K선생님 앞에서 치수는 또 한 번 펑펑 울었다.

방과 후, A교사가 상담실로 치수를 데려왔다. 치수는 오늘 일어난 일들을 설명하면서 계속 흐느껴 울었다. 눈물이 냇물처럼 흘러내려 목을 타고 가슴까지 젖었다. 하도 서럽게 울어서 계속 휴지만 뽑아 건네주었다. 울음이 좀 멎었을 때, 중학교 때는 어땠는지 물었다.

"중학교는 괜찮았어요."

"그래? 어디 중학교를 다녔니?"

"세포학교요."

"세포학교? 아, 명륜동에 있는 학교?"

"네."
세포학교Cell school는 자연관찰학습 중심으로 커리큘럼을 진행하는 대안학교로서 전교생이 스무 명 정도밖에 안 되는 작은 학교다.
"그랬구나. 참 좋은 학교를 다녔네. 초등학교는 어땠는지 또 궁금하구나."
치수 쪽으로 의자를 당겨 앉으며 시선을 가까이 맞추고자 했다. 그러나 치수는 처음 자세 그대로 미동도 하지 않고 말했다.
"초등학교 때 가장 슬픈 일이 있었어요."
"슬픈 일?"
치수는 또 서러움이 밀려오는지 눈가가 붉어지기 시작했다.
"친구에게 맞은 적이 있어요."
"저런! 속상했겠다."
"슬펐어요. 엉엉!"
치수는 또 울기 시작했다.
"왜 슬펐지?"
"아팠고, 멍이 들었기 때문이에요."
속이 상했다거나 자존심이 상했다는 식으로 자기 정서를 표현할 나이인데, 치수는 어린아이처럼 말했다.
"많이 맞았어?"
"한 대인가, 두 대인가 맞았어요. 생각만 해도 눈물이 나요. 흑흑흑."
어깨들 들썩이며 또 운다.

"괜찮아, 네가 나쁜 것은 아니니까."
등을 두드려 주었다.
잠시 후, 치수는 속삭이듯 말했다.
"이거 비밀인데요, 선생님만 알고 계세요."
"비밀? 알았어. 뭔데?"
"저 머잖아 SC대안학교로 갈 거예요."
"진짜?"
"네. 아버지가 알아보고 있어요. 아마 곧 갈 것 같아요."
말이 끝나기가 무섭게 치수는 자리에서 벌떡 일어섰다. 그리고는 90도 각도로 꾸벅 인사했다.
"이제 수업 가야 돼요. 선생님, 감사합니다. 상담해 주셔서."
"어……."
치수는 내가 뭐라고 말을 꺼내기도 전에 뚜벅뚜벅 걸어가더니 상담실 문을 씩씩하게 열고 나가 버렸다. 녀석, 방금 전까지 눈물을 뚝뚝 흘리더니만…….
아이들이 치수를 조금만 이해하고 수용해 준다면 얼마나 좋을까? 다소 엉뚱하기는 해도 순수하고 착한 아이가 아닌가? 영악하지 못한 것이 죄라면 죄였다. 대안학교를 아버지가 알아보고 있다는 점도 마음에 걸렸다. 통상 이런 일들은 엄마가 나서는 법이다. 엄마가 곁에 없을 거라는 추측에 마음이 무거웠다.

눈 마주치기와 같은 사회적 상호작용에 서툴고, 자기만의 세계에 골몰하는 듯한 모습이나 발달 수준에 맞는 친구 관계 맺기에 실패하고 있다는 점으로 미루어 볼 때 치수는 아스퍼거 증후Asperger's syndrome가 있는 것으로 짐작할 수 있었다. 이 증상은 광범위성 발달 장애의 일종으로 일명 '말 많은 자폐' 라고도 불린다. COUNSELING 9

'또라이' 라고 농담했던 P선생님은 그날 저녁 치수 아버지에게 전화해서 사과했다. 예상했던 대로 아버지는 치수에게 아스퍼거 증상이 있다고 말했다. P선생님은 "아스퍼거요? 그게 어떤 증상이죠?"라고 되물었다. 치수 아버지는 "모르면 인터넷 찾아보세요"라고 말하고는 전화를 뚝 끊었다.

4월로 접어든 지 일주일이 지났을 때, 치수는 또 짓궂은 장난에 말려들고 말았다. 한 아이가 치수의 주머니에 손목시계를 슬며시 넣어 놓고는 도둑 누명을 씌운 것이다. 아이들은 잠시 골려 먹겠다는 심사에서 장난을 친 것이지만, 짐작하건데 치수는 하늘이 노랬을 것이다. 생활지도부장 선생님이 치수 아버지에게 연락을 했다.

아버지는 이틀 후에 학교를 방문했다. 생활지도부장 선생님과 잠시 면담한 아버지는 상담실을 찾았다. 참 건장하고 잘 생긴 아버지였다.

"치수가 아버지를 빼닮았네요. 반갑습니다."

"네. 안녕하세요."

"급우들의 심한 장난 때문에 아버지께서도 많이 속상하셨지요?"

"아니요, 아이들을 원망하지 않아요. 치수가 잘 적응해야죠. 아직 어려서 그렇지 더 크면 잘하지 않겠어요?"
"네, 고맙습니다. 너그럽게 생각하시니……."
"치수가요, 초등학교 때 세브란스에서 어린이 자활 그룹치료를 받은 적이 있어요."
"아! 그랬군요."
"지능은 정상인데 사람들의 기분을 잘 못 읽는 아스퍼거 증상이래요."
"그다지 심하지는 않은 것 같은데요."
"아, 네! 세브란스 재활치료 담당 교수님도 그렇게 말했어요."
"그럼요, 치수가 이상한 건 아니에요. 보통 아이들과 약간 다를 뿐이죠."

아버지는 기분이 좋아진 듯 자신의 성장기를 이야기했다. 아버지도 학교 다닐 적에 급우들에게 여자 취급을 받았다고 한다. 다만 운동을 잘했기 때문에 학급 대표로 자주 뽑혔고, 그래서 아이들이 크게 괴롭히지 않았다고 한다. 달리기도 잘하고, 배구도 무척 잘했단다.
"치수도 아버지를 닮아 골격이 튼튼한데 운동을 좀 시키시지요? 꽤 잘할 것 같은데요."
"아니요. 시켜 봤는데 치수는 운동을 별로 좋아하지 않고 잘 못해요. 그래서 아이들이 만만하게 보는 거 같아요."
"그런가요……?"
선뜻 공감할 수 없어서 말끝을 흐렸더니, 아버지는 재차 강조했다.
"안 좋아하는 게 분명해요."

"……네."
아버지는 화제를 돌렸다.
"치수가 일본어를 잘해요. 5단계 실력이에요."
"아, 그래요? 자기가 좋아하는 공부는 열심히 하는군요?"
"글쎄요, 잘 모르겠어요."
"방금 전에 잘한다고 하셨잖아요?"
"하기는 하는 것 같아요. 근데 정말 잘하는지는 모르겠어요."
"네……, 알겠습니다. 치수가 그러던데…… 아버지께서 대안학교를 알아보고 계신다면서요?"
아버지는 무슨 비밀이라도 들킨 듯이 당혹해 한다.
"아니요, 아니에요. 이 학교에 적응하고 공부해야죠."
"치수 어머니는 어떻게 생각하시는지 궁금하네요."
"지금 여기 없어요. 지방에 가 있거든요."
"그렇군요."
치수의 누나도 엄마와 함께 살고 있다고 한다. 따로 살고 있는 이유에 대해서는 묻지 않았다.

4월 말부터 중간고사가 있었고, 어린이날, 어버이날, 스승의 날, 백일장, 소풍, 수학여행으로 이어지는 바쁜 일정 속에 5월은 신록의 향기를 음미할 새도 없이 훌쩍 지나갔다. 치수의 부재를 깨달은 것은 6월이 시작되는 날이었다. 오랫동안 치수의 얼굴을 보지 못했다. 담임에게 전화를 넣어 물었더니 위탁대안교육을 받고 있는 중이란다. 생활기록부를 열람했더니, 'SC대안교육'이라고 등재되어 있었다. 위탁일자는 벌써 한 달이나 지난 상태였다. SC학교로 전화하여 담당교사와 통화했다.

"김치수 학생이 위탁교육에 잘 적응하고 있는지 궁금하여 전화 드렸습니다."

"아, 네……. 지금 우리 학교에 없습니다."

"네?"

"아무래도 우리 학교에 적응이 어려울 것 같아서……."

"적응교육 기간이 끝났나요?"

"5월 31일까지 출석하는 것으로 되어 있습니다만……."

"그럼, 치수가 다시 우리 학교로 복교하여 수업을 받아야 하는데요? 아직 돌아오지 않고 있거든요."

"어디……, 다른 대안교육을 알아본다고 했습니다."

"어디인지요?"

"글쎄요. 그것까지는 잘……."

상대방이 지나치게 공손해서 공연히 미안한 마음이 든다.

"아, 네. 잘 알겠습니다. 친절하게 답해 주셔서 고맙습니다."

치수 아버지 핸드폰 전화번호를 눌렀다.

"아, 선생님!"

"치수가 어떻게 되었는지 궁금해서요."

"말씀을 미리 못 드려서 죄송합니다. 치수요, LP나눔학교에서 적응교육을 받고 있어요."
"아, 그래요? 그곳은 마음에 든답니까?"
"예, 괜찮아 하는 것 같아요."
"다행이네요. 제가 도울 일이 있거나 변동사항이 있으면 언제든지 전화 주세요."
"네, 고맙습니다."

다행히도 치수는 LP나눔학교 적응교육을 통과하여 학교를 다니게 되었다. 그런데 여름방학을 할 때쯤 한 가지 걱정이 생겼다. LP학교에서 별도의 운영회비를 요구한 것이다. 1년에 2백만 원이란다. 치수 아버지는 난감해 하며 말했다.
"그게 정당한 요구인지 모르겠어요."
"그러게 말입니다. 위탁교육은 원래 원적교에서 등록금을 송금하도록 되어 있습니다. 사실 여부를 문의해 볼게요."

서울시대안교육센터에 전화를 걸어 해결책을 문의하였다. 담당자는 깜짝 놀라면서 사실 여부를 확인하고 조치하겠다고 약속했다.
며칠 뒤 담당부장으로부터 전화가 왔다.
"LP나눔학교 교장 선생님과 직접 통화를 했어요. 사실을 물었더니 펄쩍 뛰면서 그런 강요는 한 적이 없다고 말합니다."

"네, 그렇겠지요. 어쩌면 그 학교 교장 선생님은 그런 요구가 있었다는 사실을 몰랐을 가능성도 있겠네요. 공개적인 모금이 아니니까요. 치수 아버지 말에 의하면 치수를 맡고 있는 담임교사가 개인적으로 말했다고 합니다. 후원금을 안 내면 학교 다니기 힘들 거라는 식으로 말했대요."
"아버지가 과장하거나 왜곡하여 말했을 가능성은 없나요?"
"네. 치수 아버지는 고지식한 성격이구요, 더구나 자기 아이를 위탁한 학교인데 일부러 학교를 곤란하게 만들려는 학부모가 어디 있겠어요? 그럴 만한 개연성은 희박하죠."
"잘 알겠습니다. 제가 교육청 장학사와 의논하여 현명한 방법을 강구해 볼게요."

이후로 치수는 별문제없이 대안학교를 잘 다니고 있다.

유아기 · 소아기 · 청소년기에 처음으로 진단되는 10가지 유형의 정신 장애

신체 장애보다 흔한 것이 정신 장애다. 다만 정신 장애는 외형적인 특징이 두드러지지 않는 탓에 사람들이 잘 인지하지 못할 뿐이다. 그런데 정신 장애가 의심되는 학생이라도 아이나 부모에게 사실을 확인하는 일은 쉽지 않다. 섣불리 질문했다가 예민한 반응을 보인다면 수습이 어렵다. 가족에게 진단을 받으라고 권유하는 것은 조심스러운 일이지만, 일단 정신 장애가 의심될 때는 전문가에게 의뢰하는 것이 좋다. 사람은 누구나 1에서 100사이의 정신질환을 앓고 있다는 사실을 인식하면 한결 편한 마음으로 내담자를 대할 수 있을 것이다.

정신 장애는 통상 DSM-IV의 기준에 따라 진단이 내려진다. DSM-IV는 Diagnostic and Statistical Manual of Mental Disorders-fourth edition(정신 장애의 진단 및 통계 편람 제4판)의 약어이다. 학교 상담자는 이 편람을 이용하여 아동의 상태를 대략적으로 진단한 후 장애가 의심되면 특수아 상담자나 신경정신과에 도움을 청할 수 있다.

정신지체MR ; mental retardation : 개별적으로 실시된 지능검사[1]에서 지능지수가 70 미만일 때이며, 70~80 사이를 지적 경계선이라고 본다. 의사소통과 자기 돌봄 기능이 떨어지고 가정생활과 각종 사회적 기술이 떨어지는 경우로 18세 이전에 발병한다.

1) 학교에서 실시하는 '집단 지능검사'가 아닌, 전문가에 의한 '개인 지능검사'

학습 장애 : 학습 장애는 개별적으로 실시된 표준화 검사에 의하여 읽기 장애, 산술 장애, 쓰기 장애로 구별하여 진단한다.

발달성 근육운동 조정 장애 : 운동 발달 과제(예 : 걷기, 기어 다니기, 앉기)의 현저한 지연이 있고, 물건을 잘 떨어뜨리거나 동작이 서툰 특성이 나타나며, 운동이나 글씨 쓰기를 잘하지 못한다.

의사소통 장애 : 말하기 장애, 듣기 장애, 음성학적 장애, 말더듬기 등이 있으며 표준화 검사를 통해 진단한다.

광범위성 발달 장애

(1) 자폐성 장애 : 3세 이전에 발병한다. 눈 마주치기, 얼굴 표정, 자세, 몸짓과 같은 비언어적인 행동을 사용하는 데 서투르며, 친구 관계를 잘 맺지 못한다. 기쁨, 관심 등 감정 교류를 잘 못한다. 언어 발달이 지연되며 반복적인 언어나 괴상한 언어를 사용하며, 놀이에 서투르다. 반복적인 동작을 하거나 틀에 박힌 일에 고집스럽게 매달린다.

(2) 레트 장애 : 출생 5개월까지는 정상이나, 그 후 머리 성장이 둔화되고 손 기술의 상실이 일어난다. 손을 쥐어틀거나 손 씻는 흉내를 반복한다. 보행과 자세가 서투르며 언어 발달 장애가 수반된다.

(3) 소아기 붕괴성 장애 : 출생 후 적어도 2년 동안은 정상 발달이 이루어지지만, 점차 언어 기능의 손상이 온다. 대변 또는 방광 조절을 잘 못하며, 놀이로는 제한적

이며 반복적인 동작을 반복한다.

(4) 아스퍼거 장애 : 일명 '말 많은 자폐'라고 불리는 장애다. 자폐성 장애에서 보이는 특징이 두루 나타난다. 다만, 소아기 인지 발달이나 나이에 맞는 자기 보호 기술 및 적응 행동(사회적 상호작용 이외의), 환경에 대한 호기심 등에 있어서 임상적으로 심각한 지연은 없다.

주의력 결핍 및 과잉행동 장애 ADHD : Attention-deficit hyperactivity disorder

(1) 주의력 결핍 및 과잉행동 장애 : 세부적인 면에 대해 면밀한 주의를 기울이지 못하며 지속적으로 주의를 집중하지 못한다. 다른 사람이 말을 할 때 경청하지 않으며, 지시를 완수하지 못한다. 정신적 노력을 요구하는 과업에 참여하기를 싫어하고, 물건을 자주 잃어버리며 외부의 자극에 쉽게 산만해진다. 과잉행동의 증상으로는 손발을 가만히 두지 못하고 몸을 옴지락거리며, 지나치게 수다스럽다. 질문이 채 끝나기 전에 성급하게 대답하고, 차례를 기다리지 못하며, 다른 사람의 활동을 방해하고 간섭한다.

(2) 품행 장애 : 다른 사람의 기본적 권리를 침해하고 나이에 맞는 사회 규범 및 규칙을 위반하며 지속적이고 반복적으로 다른 사람을 괴롭히거나 위협한다. 동물이나 사람을 잔혹하게 대하며, 방화나 강도 짓을 하기도 하며, 거짓말을 흔히 한다. 13세 이전에 무단 결석, 가출 등의 경험이 있다.

(3) 반항성 장애 : 화를 잘 내고 어른의 요구나 규칙을 무시하며, 자신의 실수를 남

의 탓으로 돌린다. 고의적으로 타인을 귀찮게 하고, 화를 잘 내거나 신경질을 부리며, 앙심을 품기도 한다.

급식 및 섭식 장애 : 음식이 아닌 것을 먹는 이식증, 소처럼 음식을 되새김하는 반추 장애, 소아기 급식 장애 등이 있다. 소아기에 주로 발생한다.

틱 장애

(1) 투렛 장애 : 운동 틱과 음성 틱이 함께 나타난다(틱은 갑작스럽고, 빠르고, 반복적이고, 비율동적이며, 상동증적인 동작 또는 음성이다). 환자의 80% 정도는 운동 틱이 먼저 생기지만 음성 틱이 먼저 생기는 경우도 있다. 결국에는 두 현상이 함께 나타난다. 틱은 1년 동안 거의 매일 또는 하루에 몇 차례씩 발작적으로 일어나고, 틱이 없는 기간이 3개월 이상 지속되지 않는다.

(2) 틱 장애 : 한 가지 또는 여러 가지의 운동 틱 또는 음성 틱이 일부 기간 동안 존재하지만, 투렛 장애와 달리 두 장애가 함께 나타나지는 않는다. 기간에 따라 만성 틱 장애와 일과성(12개월 이내) 틱 장애로 구분한다.

배설 장애 : 4세 이상의 아이가 적절치 않은 곳(예 : 옷 또는 마루)에 반복적으로 대변 또는 소변을 본다. 유분증, 유뇨증으로 구분한다.

유아기, 소아기, 청소년기의 기타 장애

(1) 분리불안 장애 : 집 또는 애착 대상과의 분리에 대한 불안 수준이 지나치게 높다. 애착 대상에게 해로운 일이 일어날 거라고 심하게 걱정한다. 혼자 있으면 과도

하게 두려움을 느끼며 잠자기를 싫어하고, 반복적인 악몽을 꾸거나 두통, 복통을 호소하기도 한다.

(2) 선택적 함구증 : 다른 상황에서는 말을 할 수 있지만 특정한 사회적 상황(말하기가 요구되는 학교 등)에서는 지속적으로 말을 하지 못한다.

(3) 반응성 애착 장애 : 양육자(엄마)에게 지나치게 경계심을 가지거나 접근, 회피가 혼합되어 있으며, 안락함에 저항하고 냉정하게 군다. 낯선 사람에 대해 지나치게 친근하게 굴기도 하는 등 애착 대상을 선택하지 못한다. 이는 엄마가 아이의 요구를 무시하거나 방치하는 등 부적절한 양육을 했거나, 돌보는 사람이 반복적으로 바뀌는 것에 기인하는 것으로 본다.

(4) 상동증적 운동 장애 : 반복적이고 억제할 수 없는 것처럼 보이는, 비효율적인 운동 행동을 한다(예 : 손 흔들기, 손장난하기, 몸 흔들기, 손가락을 무의미하게 움직이기, 머리 부딪치기, 물어뜯기, 피부 또는 몸의 구멍을 후비기, 자기 몸을 때리기).

10가지 중에서 특히 '주의력 결핍 및 과잉행동 장애^{ADHD}'는 학교에서 흔히 볼 수 있는 장애 유형이다. ADHD 아동을 '철없는 아이' 정도로 대수롭지 않게 여기면 적절한 지도가 이루어질 수 없으므로 정확한 진단을 받을 필요가 있다.

자퇴상담
학교를 떠나는
아이들

10 권위주의적인 교사에 저항하는 아이

CounSeling 10 **비교육적인 체벌**

10개월만에 만난 시후는 마치 오래된 연인처럼 자연스럽게 나를 포옹하고 돌아갔다. 검정고시를 보기 위해 제적증명서를 떼러 학교에 왔던 차였다.
날카로운 감정 폭발로 주변 사람들과 대립각을 곤두세웠던 작년의 기억들이 모두 녹은 것은 아닐 테지만, 한결 편안해진 모습이었다. 돌이켜 생각해 보니, 시후의 자퇴는 외길을 밟아 가는 바둑판의 수순처럼 예정된 일이었다는 생각이 든다.

시후는 중학교 졸업 후 러시아의 어느 피아노 전문학교에 합격했지만, 현지 학교의 사정으로 돌연 입학 취소를 당했다. 때문에 유학을 준비하던 1년의 시간을 허비한 채 뒤늦게 일반고에 편입한 학생이었다.
바다처럼 깊고 푸른 눈을 가진 터키쉬 앙고라 고양이를 처음 보았을 때의 느낌이랄까? 3월 첫 수업에서 받은 시후의 첫인상은 매력적이면서도 선뜻 다가가기 어려웠다.
'학교생활에 잘 적응해야 할 텐데…….'
세련된 외모와 반듯하고 야무진 태도로 볼 때는 시후가 아이들의 놀림감이 되거나 하는 일은 없을 듯했다.
'그래, 잘해 내겠지…….'

입학 일주일 후, 전국연합학력평가가 있던 날이었다. C선생님이 시후를 데리고 학생부 교무실로 내려와서는 분통을 터트렸다.
"이 녀석이 눈 똑바로 뜨고 따지듯이 대꾸하잖아요."
C선생님은 무척 열 받은 상태였다.
"야! 맨 위에다가 학년 반 이름 쓰고 반성문 써! 알았어!"
시후에게 반성문 종이를 건네주는 C선생님의 손이 파르르 떨렸다.
"그리고, 집에 전화해서 부모님 학교에 나오시라고 해!"

곁에서 상황을 지켜보던 학생부장 선생님이 시후에게 자초지종을 말해 보라고 했다. 불같이 화를 내는 선생님에게 이끌려 교무실까지 온 경우, 대개 학생들은 주눅이 들게 마련이다. 부모님 호출이라는 최악의 사태까지 갈지도 모르는 상황에서는 더욱 그렇다. 자신이 잘했건 못했건 일단 꼬리를 내리게 된다.
그러나 시후는 보통 아이들의 태도와 아주 딴판이었다. 자신 없는 태도로 변명을 하지도, 씩씩대며 울분을 터트리지도 않았다. 시후는 자신의 행동이 불손하게 보였을지 모르나, 그것은 선생님이 먼저 불친절하고 무례했기 때문에 생긴 일이라고 또박또박 설명했다.
'맹랑한 아이일세.'
학생부장 선생님은 보통 아이들에게 하듯이 훈계나 해서 풀릴 일이 아니라고 판단하고는 내게 상담을 요청했다.

시후와 상담하기 전에 C선생님의 이야기부터 들었다. 시험이 끝나서 답안지를 걷는데, 시후가 OMR카드에 이름을 쓰지 않아서 책망했더니, 빳빳한 태도로 꼬박꼬박 말대꾸를 하며 인상을 쓰더라는 것이다. 들고 보니 화날 만도 했다. 이럴 때 화가 나지 않는 선생님은 거의 없을 것이다. C선생님은 첫 수업시간에 받아 둔 자기소개서를 내게 보여 주었다. 시후의 자기소개서에는 눈에 띄는 구절이 있었다.
"학교는 한심한 작태를 일삼는 곳?"
C선생님은 거 보라는 듯이 말했다.
"녀석이 얼마나 오만한지 몰라요. 싸가지가 없어!"

시후를 불러 상담을 시작했다. 시후가 들려준 사건의 경위는 학생부장 선생님이 내게 설명한 내용과 거의 동일했다. 답안지에 이름을 안 쓴 채 제출했는데, C선생님이 퉁명스럽게 말했단다.
"너 빵점 맞고 싶으면 마음대로 해. 다른 아이들은 다 썼는데 왜 너만

안 썼어?"

시후는 선생님의 말투가 거슬려서 이렇게 대꾸했다고 한다.

"처음 보는 시험이라 이름을 꼭 써야 하는지 몰랐어요. 중학교 때는 학번만 마킹을 했지, 이름을 쓴 적이 없어요. 이름 쓰라고 미리 말씀하신 적도 없잖아요!"

시후는 감정이 경직되면 자신도 모르게 눈매가 날카로워지는 아이였다. C선생님은 중병으로 입원하신 부모님 때문에 신경이 예민해진 상태였는데, 시후의 대꾸하는 태도가 불손하게 느껴져서 참기가 어려웠다. 급기야 격분한 C선생님은 시후의 뺨을 한 대 올려붙이고, 슬리퍼 신은 발로 정강이를 걷어차고 말았다. COUNSELING 10

시후와 C선생님의 충돌 과정과 이후의 전개 양상은 에릭 번Eric Berne이 말한 '심리게임'의 형식과 유사하다.

게임을 먼저 시작한 사람은 시후다. '누가 나에게 시비 좀 걸어 주세요'라고 주문했는데, 선생님이 말려든 셈이다. '너 빵점 맞고 싶으면 마음대로 해'라는 말은 시후에게 게임을 해도 좋은 대상이라는 신호로 해석되었을 것이다. 결국 시후는 '당신이 먼저 불친절했으니 어디 해 봅시다' 하며 도전을 시작한 것이다.

이 게임의 승자는 누가 될까? 처음 교실 장면에서 답안지에 이름을 쓰지 않았다고 훈계하는 선생님의 자아는 '부모' 상태였다. 그러나 시후의 도발에 선생님은 화가 났고, 뺨을 치고 발로 차는 장면에서는 '아이' 상태가 된다. 시후는 처음부터 '어른처럼'[1] 따지고 들었다. 학생부장 선생님에게 설명할 때도 감정을 통제하며 '어른처럼' 행동했고, 상담 장면에서도 마찬가지였다. '부모'에서 '아이로' 전환되었던 선생님보다는 처음부터 '어른처럼' 행동한 시후가 유리하지 않을까?

시후는 권위주의적 훈육 방식에 강한 거부감을 가진 아이였다.
"선생님들은 늘 그런 식이죠. 먼저 비꼬는 말을 해 놓고는 오히려 화를 낸다니까요. 그래서 중학교 때도 이런 일 종종 있었어요."
중학교 때도 비슷했다고 말하는 시후의 말투와 표정에서 교사에 대한 경멸까지 느낄 수 있었다.
"그래, 네 말이 맞다. 선생님들은 친절하지 못할 때가 많아. 답안지에 이름을 써야 한다고 친절하게 말해 주셨으면 얼마나 좋았을까."
시후는 자신의 말에 공감하는 나를 유심히 관찰하는 듯했다.
"어른이 먼저 친절하면, 아이들도 공손해질 텐데……, 참 안타까워."
나는 의식하지 않았지만, 철저하게 내담자 시후의 입장에서 공감했다. 내가 말하는 동안 시후는 침묵하며 나를 정면으로 응시하고 있었다. 침묵은 상황에 따라 긍정·부정·무관심 등 여러 가지로 해석될 수 있는데, 이 경우는 '계속해 보세요'라는 부추김에 해당하는 것이었다.
"네가 쓴 자기소개서를 보니, 학교는 한심한 작태를 일삼는 곳이라고 쓰

---

[1] 진정한 어른 자아 상태가 아닌, 아동 성격을 띤 어른 자아

여 있던데, 그동안 안 좋은 경험이 많았나 보구나?"
시후는 쓴웃음을 지으며 고개를 끄덕인 후 말했다.
"기회가 되면 말씀 드리지요. 지금은 별로 말하고 싶지 않네요."
1차 상담은 여기서 끝냈다. 안 그래도 해결해야 할 갈등 문제로 머릿속이 복잡할 터였다.

정규수업 일과가 끝날 무렵, 연락을 받은 시후 어머니가 교장실을 방문했다. 시후의 일을 전해 들은 교장 선생님이 중재에 나서기로 했기 때문이다. 교장 선생님은 시후와 어머니에게 온화하게 말했다.
"오늘 속상한 일이 있었다고 들었습니다."
어머니는 다소 상기된 표정이다.
"아이의 전화를 받고 무척이나 떨렸습니다. 도대체 무슨 잘못을 했기에 뺨을 맞고 발로 차였을까 놀라서 마음을 진정하기 어려웠습니다."
교장 선생님은 감정을 헤아릴 줄 아는 분이다. 교장 선생님은 정중하게 머리를 숙였다.
"이유를 불문하고, 우리 학교 선생님이 시후를 때린 일은 명백한 잘못입니다. 교장으로서 진심으로 죄송하게 생각합니다."
교장 선생님은 마음 놓고 말할 수 있는 분위기를 만들어 주면서 시후에게도 말을 시켰다. 과거 교도교사[2], 상담부장을 오래 맡았던 경륜이 배

---

[2] 상담학이 학교에 보급되는 초기에 교육부는 상담학 수료를 한 교사에게 교도교사라는 명칭으로 자격증을 발급했다.

어 나온다. 시후는 지금껏 그래 왔듯이 조리 있게 또박또박 이야기했다.
'이 아이는 목에 칼이 들어와도 눈 한번 깜짝하지 않을 아이로구나.'
시후 같은 아이는 처음 보았다. 천만 관중 앞에서도 흔들림이 없을 것 같은 아이여서 그 심지가 부러울 지경이었다.
교장 선생님과의 면담을 마치고, 상담실에서 두 시간 남짓 모자와 이야기를 나누었다. 정확하게 할 말을 다하는 꿋꿋한 시후의 태도는 어머니로부터 물려받은 것 같았다. 어머니 역시 주관이 뚜렷했으며, 상담교육기관에서 상담학을 배우고 있는 학도이기도 했다. 나는 모자의 감정을 수용하는 데에 초점을 맞추었고, 그 어떤 가치관의 강요나 훈계도 일절 하지 않았다. 시후는 이번 문제에 대한 해결책까지 알고 있었다. C선생님의 속상한 심정을 어루만지는 일 말이다.

다음 날 아침 시후는 C선생님을 찾아 자신이 버릇없게 굴었다며 정중하게 사과했다. 복도에서 만난 C선생님의 미간은 풀려 있었다. 시후가 어떻게 사과를 했는지, "걔가 그렇게 나쁜 아이는 아닌 것 같아요"라고 말했다. 이로써 시후가 시작한 심리게임은 일단락되었다.

에릭 번은 심리게임이 예측 가능하며 명확히 정의된 결과를 향해 나아가는 특성이 있고, 심리적·사회적 이득을 얻기 위한 목적이 있다고 기술하였다. 시후가 심리게임을 통해 얻은 이익은 무엇일까?
시후는 선생님의 화를 돋우어 자신을 처벌하도록 만들고, 사과를 주고받

앉으며 주변의 관심을 이끌어 내는 이득을 얻었다. 말하자면 긍정적·부정적 스트로크[3]를 주고받은 것이다. 또한 자기소개서에 쓴 대로, '학교는 한심한 작태를 일삼는 곳'이라는 생각을 재삼 확인함으로써 심리적 항상성을 유지할 수 있었다.

사람은 자신의 신념이나 생각이 흔들리는 것을 두려워한다. 선생님과 대결함으로써 얻는 또 하나의 이익은 뜨래들과의 차별화다. 금기에 도전함으로써 아이들로부터 경외의 대상이 되는 이익을 누리게 되는 것이다. 아울러 학교와 마찰을 자주 일으킴으로써 학교에 대한 부모의 기대감을 포기하게 하는 효과도 있었을 것이다. 그 마찰의 원인이 자신 때문이 아니라 교사의 탓으로 비쳐지면 학교를 그만두거나 혹은 성적이 나쁠 때 핑계로 삼을 수도 있다.

시후는 과연 무엇 때문에 게임을 시작했고, 언제까지 게임을 계속할까? 그는 아마도 어릴 때부터 반복적으로 이러한 심리게임을 해 왔을 것이고, 가족들 사이에 갈등 전선이 형성되어 있음에 틀림없다.

일주일 뒤, 시후 어머니가 자발적으로 상담실을 방문하여 들려준 집안

---

[3] 스트로크 stroke : '어루만짐'. 정신의학자 에릭 번은 "사람들은 모두 공주와 왕자로 태어나지만, 그들의 부모가 입을 맞추어 개구리로 변하게 한다"라고 했다. 여기서 '입맞춤'은 인간의 기본적인 상호작용을 의미한다. 스트로크에는 '동물의 털을 결대로 쓰다듬다, 어루만지다' 라는 의미와, '일격, 타격, 때리다' 라는 두 가지 뜻이 담겨 있다. 인간의 마음에 기쁨과 희망을 주는 스트로크를 '긍적적 스트로크'라고 부르고, 상심과 좌절감을 안겨주는 스트로크를 '부정적 스트로크'라고 부른다. 타인이 내게 준 만큼 돌려주는 것을 '조건적 스트로크'라고 하고, 타인이 준 스트로크와 무관하게 넉넉하고 풍요롭게 돌려주는 것을 '무조건적 스트로크'라고 부른다. 교류분석에서는 긍정적 스트로크가 없으면 부정적 스트로크라도 받는 것이 낫다고 본다. 교도소에서 독방에 수감되는 것을 가장 두려워하는 이유는 인간의 스트로크가 단절되는 공포 때문이라고 설명한다.

이야기는 다음과 같다.

시아버지는 시각 장애인, 시어머니는 치매 환자, 게다가 시후의 동생은 정신지체를 앓고 있다. 의사인 남편은 지방에서 개인병원을 하고 있는데, 권위주의적인 성격에 처갓집을 이류 집안이라 폄하하며 가족들에게 상처를 주는 사람이다. 우울증을 앓기도 했던 남편은 공부 못하는 아들을 무시한다. 시후는 초등학교 때 부모의 관심을 받고자 무던히 노력했으나, 정신지체인 동생에게 쏠린 부모의 관심을 돌릴 수 없어 늘 외톨이로 지냈다. 시후를 외톨이로 지내게 한 점이 못내 미안하다며 어머니는 대화 도중 눈물을 흘렸다. 어머니의 이야기는 계속되었다.

시후는 초등학교 저학년 때 친하게 지내던 친구에게 폭행을 당하여 마음에 큰 상처를 입은 경험이 있다. 그래서인지 초등학교 고학년이 되면서부터는 죽기살기로 싸움하는 성격으로 변했다. 중학교 때는 일진회로 의심되는 한 학생과 싸웠는데, 상대방의 허리를 물어뜯었으나 정당방위로 인정되어 특별한 처벌을 받지는 않았다. 시후는 독서량이 많은데, 학교 공부는 별 필요가 없다고 여긴다. 시후는 피아노에 타고난 소질이 있다. 음색이 독특하여 음악인들로부터 소질을 인정받았으나, 아버지의 반대에 부딪혀 피아노를 꾸준하게 할 수가 없었다. 때문에 연습량이 부족하여 예고 시험에 불합격했고, 그 대신 러시아 피아노 학교에 합격하였다. 그러나 그마저 러시아 학교 내부 사정으로 입학이 취소되는 바람에 1년을 쉬어야 했다.

어머니의 이야기를 들으니 도울 수 있는 부분은 한정적일 수밖에 없다는 생각이 들었다. 온 가족이 저마다 힘들고, 서로 역기능적인 상태에서 갈등의 순환을 겪고 있는 것이다. 가족 치료자들이 개입하여 도울 수 있다면 좋겠지만, 과연…….

폭풍 전야처럼 고요하게 2주가 흘렀다. 시후를 불러 상담해야겠다는 생각을 하고 있을 때였다. 수학강사인 Y선생님에게 전화가 왔다.
"시후가 수업시간에 폭행 사건을 일으켰어요!"
교무실로 내려갔더니, 시후는 학생부장의 지시로 사건 경위서를 쓰고 있었다. Y선생님께 어찌된 일인지 물었다.
"아휴~, 깜짝 놀랐어요. 판서를 하다가 우당탕 소리가 나서 뒤를 돌아보니 시후가 책상 위로 올라가 뒷자리에 앉아 있던 덕배 얼굴을 무릎으로 가격하는 거예요. 계속 주먹을 휘둘러서 간신히 떼어 말렸어요."
젊은 여교사인 Y선생님은 남학생들의 거친 싸움을 처음 본지라 무척 놀란 모양이었다. 더구나 자신의 수업시간에 발생한 일이어서 심란해했다.
지난번 시후와 충돌했던 C선생님이 이번에는 오히려 시후를 두둔하고 나섰다.
"덕배, 걔 성격이 좀 못됐어요. 평소에 장난이 심하고, 노는 애들과 패거리를 짓고 다녀요. 아마 시후를 건드렸을 거예요."
시후 어머니와 통화했다.
"시후가 덕배 이야기를 종종 했어요. 나이 한 살 많다고 대접 받으려고 하느냐면서 비아냥거리고, 심기를 건드린 적이 많았다고 하더군요."

학생생활지도부의 조사에서 드러난 시비 과정은 이렇다.
수학시간, 뒷자리에 앉은 덕배가 시후를 툭툭 치면서, "야, 너 왜 필기 안 해?"라고 시비를 걸었다. 당시 시후는 노트에 낙서를 하고 있었고, 덕배는 제 짝과 떠들다가 심심해진 판이었다. 시후는 불편한 심기를 드러내며 덕배를 쳐다보았다. 순간 심술을 부리고 싶어진 덕배는 시후의 얼굴에 대고 일부러 재채기를 했다. 시후의 얼굴로 덕배의 침이 튀었다. 시후는 덕배를 노려보며 얼굴에 묻은 침을 닦았다. 이 정도에서라도 덕배가 미안한 표정을 짓고 그만두었으면 좋았을 것이다. 이번에는 덕배의 짝인 동섭이가 침 닦는 흉내를 내며 킬킬 웃었다. 덕배도 킬킬거렸다. 시후는 끓어오르는 분노를 꾹꾹 눌렀다. 아무리 화가 나도 수업 중이 아닌가. 그런데 덕배가 다시 숨을 들이키고는 코를 벌름거리며 한 번 더 재채기하려는 시늉을 했다. 시후의 인내는 여기까지였다. 주먹을 한 차례 날리고는 책상을 타고 넘어 무릎으로 덕배의 얼굴을 가격한 것이다.

다행히도 덕배나 시후나 크게 다친 데는 없었다. 그러나 쉬는 시간도 아니고 수업 도중에 큰 싸움을 일으킨 일은 그냥 넘어갈 사안이 아니었다. 다음 날, 학교폭력대책위원회가 소집되었다. 교사와 학부모로 구성된 대책위원회는 학교폭력이 발생했을 때 사건의 경위를 조사하고 징계 수위를 결정하는 권한이 있다. 위원회는 아이들이 크게 다친 곳이 없고, 피해

자격인 덕배의 어머니도 아무런 이의를 제기하지 않았기 때문에 시후가 반성문을 쓰는 정도에서 일을 매듭지었다.
위원회가 끝난 후 상담실을 찾은 시후 어머니는 눈물을 글썽이며 하소연했다.
"왜 우리 아이가 따귀를 맞았을 때는 그냥 넘어가고, 우리 아이가 때리면 공개재판을 받아야 하나요?"

「시후는 감정 노출이 극명하여 대인 관계에 어려움이 많겠지만, 분노 통제만 잘 하면 건강한 시민이 될 것이다. 오히려 보이지 않는 곳에서 은근한 폭력을 행사하는 덕배가 더 염려스럽다.」

이날, 상담일지에 쓴 소회이다.

시후의 폭력 사건은 징계하지 않는 것으로 마무리가 되었지만, 가해 학생으로 지목되어 학교폭력대책위원회에 호출된 사실은 시후의 학교 경멸감을 증폭시키기에 충분했다. 학교를 떠날 채비를 할 수 있을 만큼.
아니나 다를까, 사흘 후 시후는 교장 선생님께 독대 면담을 요청했다. 학생이 교장에게 정식 면담을 신청한 것은 교직경력을 통틀어 처음 있는 일이다. 시후는 무슨 말을 했을까?
교장 선생님이 나를 불렀다.
"시후가 자퇴하고 싶대요. 그런데 아버지께서 반대를 하고 있답니다.

그러니까 교장인 내가 자기 아버지를 설득해 주었으면 좋겠다는군요. 허허."
"그래서 뭐라고 하셨습니까?"
"그렇게는 할 수 없다고 거절했어요. 대신 상담 선생님과 상의해서 문제를 잘 풀어 가도록 하는 게 좋겠다고 했습니다."
"잘 알겠습니다."

시후를 불러 상담에 들어갔다.
"기어이 자퇴하려는 이유가 무엇인지 궁금하구나."
"사실 어릴 때부터 책을 많이 읽었습니다."
"그래, 참 좋은 습관을 가졌구나. 그래 어떤 책들을 읽었니?"
"제가 좋아하는 분야는 수사학, 정신분석, 철학 쪽입니다. 그리고 피아노에 관심이 있구요."
"그래, 책을 많이 읽은 것과 자퇴하려는 동기 사이에는 어떤 관계가 있니?"
"학교에서 가르치는 것들은 저의 지적인 욕망을 충족시켜 주지 못합니다. 따라서 학교생활 자체가 심히 괴롭습니다."
"그래, 그럴 수도 있겠구나."
아버지의 기대치에 못 미치는 성적 때문에 질책을 받아 온 시후는 학교 공부의 가치를 평가절하하고 싶었을 것이다. 그래서 자기 합리화를 하고 있는 것이지만 굳이 꼬집지는 않았다. 그 정도의 이야기는 아버지도 이미 아들에게 했을 것이니 말이다. 상담자가 아버지처럼 굴면 오히려 역효과만 난다. 대신 시후를 나와 동격으로 놓고 직면하기를 시도했다.
"시후야, 네가 나랑 다른 점이 무엇인지 아니?"
"……?"
"나는 네 나이에 너처럼 똑똑하지 못했단다. 너처럼 책을 좋아했지만, 책을 구해 읽는 일이 무척 힘들었어. 수사학이나 정신분석 같은 책은 구경도 못했지. 대학 도서관에 처음 갔을 때, 나는 머리를 숙이지 않을 수 없었단다. 엄청나게 많은 책 앞에서 숙연해지지 않을 수가 없었지."
시후는 나를 물끄러미 쳐다보았다. 나는 시후의 눈을 정면으로 응시하며 말했다.
"너는 자신감이 차고 넘쳐 오만하다는 생각까지 든다. 그 자신감이 부럽기도 하고……. 나는 네 나이에 겁 많은 소년에 불과했어. 늘 쩔쩔맸지. 너는 나보다 훨씬 훌륭한 사람이 될 거라는 생각이 든다. 다만, 네 분노감을 잘 조절해야 할 거야."
내 말은 교묘해서 오만하고 분노 조절을 못한다는 점을 지적했지만, 시후는 반박하지 못했다. 수사학을 좋아하는 시후는 수사학의 기법대로 나를 설득해야 할 것이나 그럴듯한 문장을 찾지 못한 것이다.
이후로 더 긴 시간을 이야기했는데, 시후는 오만하지도 분노하지도 않았다. 시후가 가야 할 방향은 피아노 쪽인 것 같은데, 감정을 다스리지 않고는 음악인의 세계에 입문하기까지 시간이 걸릴 것이다. 음악에 대한 이야기를 할 때는 대학에서부터 클래식 기타 동아리 활동을 지속해 온

경력이 도움을 주었다.
"선생님이 제 아버지를 설득해 주실 수 있나요?"
"나도 그건 거절하고 싶구나. 아버지가 상담을 요청해 오신다면 응할 수는 있지만 말이다. 더구나 나는 이야기를 경청할 수는 있지만, 설득하는 기술은 없단다."
"알겠습니다. 선생님, 여러 가지로 도움을 주셔서 감사합니다."
시후는 깍듯하게 인사하고 집으로 돌아갔다. 뒷모습을 보니 녀석을 오래 보지 못할 것 같다.
이튿날 시후 어머니의 전화를 받았다. 시후가 등교거부를 실행에 옮기기로 했다는 것이다.
"네, 아무도 시후의 고집을 꺾을 수는 없겠지요. 어머니께서도 시후의 뜻에 찬성하고 계시는 상태인데, 아버지도 결국 손을 들겠군요."
시후와 어머니는 협력자이고, 아버지는 고립된 사람이다. 아버지와 어머니가 합세해도 자식의 뜻을 막기 어려운데, 시후의 자퇴는 이미 결정된 것이나 다름없다. 아버지의 반대는 오래가지 않았다. 등교거부 단 이틀 만에 자퇴를 허락한 것이다.

"시후에게 축하한다고 전해 주세요. 자신의 뜻을 관철했으니 앞으로도 계속 뜻한 대로 성취하라고 하시구요."
"네, 선생님. 일단 시후를 푹 쉬게 할 거예요. 시후가 너무 행복해 해요."
"좋은 일 있으면 전화 주세요."

"네, 알겠어요. 선생님, 그동안 너무 감사했습니다."
자퇴 수속을 마치고 돌아가는 시후 어머니의 뒷모습을 보니, 커다란 등짐을 메고 가는 것 같다. 시후보다도 어머니가 더 안쓰럽다. 성치 않은 가족들을 돌보느라 자신은 힘들어 할 여유조차 없는 어머니. 부디 건강하시기를 바란다.

이듬해 봄 시후는 검정고시에 합격했다.
또 한 해가 지난 뒤 시후에게 전화를 했는데, 시후는 통화를 회피했다. 어머니와 통화했다.
"그동안 많이 힘들었어요. 아이가 욕심은 많은데 제 생각대로 되지 않으니까 한참 방황했어요. 대학에 원서를 쓰지 않겠대요. 대학에 안 가면 군대를 가야 하는데요. 일단 입대 연기를 했어요."

시후는 과연 언제 '자리 찾기'에 성공할 것인가? 나는 시후가 분명히 제자리를 찾아갈 것이라고 믿는다. 용량이 큰 프로그램은 작은 컴퓨터에서 잘 돌지 않는다. 과부하가 걸리지 않고 자기 능력을 발휘할 수 있는 큰 컴퓨터를 찾을 때까지 잘 견뎌 내기를 빈다, 시후야.

Counseling 10 비교육적인 체벌

학교 선생님들에 대한 부정적인 기억은 누구나 하나쯤 있을 것이다. 특히 체벌이나 구타를 당한 경험은 매우 쓰라린 일이어서 평생 잊지 못할 수도 있다. 간혹 교사의 구타 사건이 보도될 때, 인터넷 공간에 주렁주렁 달리는 원성의 댓글이 이를 증명한다. 그만큼 체벌이나 구타는 인간관계의 친밀성을 파괴하는 부정적인 행위이며, 아울러 자발성과 창의성을 침해하는 비교육적인 처사이기도 하다.

그런데도 '말 안 듣는 아이, 때려서라도 가르쳐야 한다'라는 관습적인 믿음을 버리지 않고 고수하는 사람들은 여전히 많다. 교육학을 배우지 않은 부모들이 그렇게 생각하는 것은 어쩔 수 없다지만, 교육학을 배워 학생들을 가르치고 있는 교사들조차 왜 그렇게 믿고 싶어 하는 것일까? 아무리 뒤져 봐도 때려도 좋다는 내용은 교육학 교재에 없는데 말이다.

교사가 학생을 때리는 것은 분노 때문인 경우가 많다. 화가 나서 때려 놓고는 사랑의 매라고 그럴 듯한 변명을 갖다 붙이며 합리화한다. 아이를 때릴 때나 그 이후의 감정을 스스로 성찰해 보자. 진정 아이의 성장을 위해 회초리를 들었다면 최소한 담백한 마음이거나 가슴이 뭉클해져야 하지 않겠나.

만약 어쩔 수 없이 아이를 때렸다면, "나는 그때 화가 나서 참을 수가 없었어요"라고 말하는 것이 정신 건강에도 좋은 일이다. 분노는 인간이 갖는 자연스러운 감정이며, 교사 역시 인간이기 때문이다.

그동안 한국의 교사는 부모가 아니면서도 마치 부모처럼 아이들을 가르치려고 했다. 내 속으로 나은 자식에게도 부모 노릇하기가 벅찬데 말이다. 역발상이 필요한 시점이다. 진정으로 영향력 있는 교사가 되고 싶으면, 사려 깊은 친구처럼 다가가야 한다. 진정한 파워는 권력에서 나오는 것이 아니라 친밀감에서 나온다.

다음은 교육부에서 공문을 통해 소개한 외국의 학생 체벌 현황이다. 프랑스는 교사가 학생을 '너'라고 부르는 것조차 금하고 있고, 이웃나라 일본에서도 무릎을 꿇게 하거나 장시간 세워 두는 것을 금지하고 있다.

체벌 금지 국가

독일 : 인간의 존엄성을 침해하는 징계 수단, 특히 집단 체벌은 인정되지 않음.
룩셈부르크 : 14세 미만의 어린이에게 의도적으로 상처를 입힌 자, 구타한 자, 음식을 주지 않거나 건강을 해치게 한 자, 폭력을 행사한 자는 모두 1년 이상

3년 이하의 징역 또는 5백~5천 프랑의 벌금을 물림.

스웨덴 : 부모도 가정에서 체벌할 수 없음.

영국 : 공립학교에만 적용되던 체벌금지 조치가 1998년부터 사립학교까지 확대됨.

오스트리아 : 체벌, 모욕적인 비난, 집단 벌을 금지함.

우루과이 : 체벌, 명예를 손상하는 벌을 금지함(규정 위반시 면직 처분도 가능함).

중국 : 1999년부터 체벌 금지, 신랄하게 꾸짖지 못함.

프랑스 : 어떠한 체벌도 엄금함. 교원이 학생을 '너'라고 부르는 것도 안 됨.

캐나다 : 교원이 학생에게 체벌을 가할 경우 '폭행'으로 간주함.

일본 : 육체에 고통을 주는 행위, 장기간 기립, 무릎 꿇기, 점심 굶기기 등의 체벌을 금지함.

체벌 일부 허용 국가

호주 : 공립은 체벌 금지, 종교기관에서 독립적으로 운영하는 사립학교는 심각한 학칙 위반의 경우에 온건한 체벌을 허용함.

미국 : 뉴욕과 캘리포니아 등 29개 주는 법으로 금지. 텍사스 뉴햄프셔 등은 부적절한 체벌을 금지함.

스리랑카 : 장시간 세워 두거나 꿇어앉힐 수 없고, 머리를 잡아당기는 등의 행위를 금지함.

싱가포르 : 여학생 체벌, 집단 체벌을 금지함. 학교장의 허락 하에 가벼운 회초리는 허용함. 학습 실패나 숙제를 안 한 경우의 체벌은 불허하며, 감정적으로 체벌해서도 안 됨. 체벌을 한 경우 일지에 적고, 교장의 서명과 함께 학생의 부모에게 위반 내용과 체벌 사항을 즉시 알려 주어야 함.

말레이시아 : 여학생에게는 체벌을 불허하고, 남학생은 등나무 회초리로 가볍게 체벌하는 것을 허용함.

태국 : 학교 규율 위반, 학생 본분 이탈 행위에 한하여 제삼자가 없는 방에서 학생의 후대퇴부를 직경 0.7cm 이하의 회초리로 6대 이내까지 허용함.